红色广东丛书

广东中央苏区

龙川革命简史

中共广东省委党史研究室
中共龙川县委党史研究室 编著

SPM
南方出版传媒
广东人民出版社
·广州·

图书在版编目（CIP）数据

广东中央苏区龙川革命简史 / 中共广东省委党史研究室，中共龙川县委党史研究室编著. —广州：广东人民出版社，2021.6

（红色广东丛书）

ISBN 978-7-218-15003-1

Ⅰ.①广…　Ⅱ.①中…②中…　Ⅲ.①中央苏区—革命史—龙川县　Ⅳ.①K269.4

中国版本图书馆 CIP 数据核字（2021）第 087491 号

GUANGDONG ZHONGYANG SUQU LONGCHUAN GEMING JIANSHI

广东中央苏区龙川革命简史

中共广东省委党史研究室
中共龙川县委党史研究室　编著

版权所有　侵权必究

出 版 人：肖风华

责任编辑：沈海龙
封面设计：河马设计　李卓琪
责任技编：吴彦斌　周星奎
排版制作：广州市广知园教育科技有限公司

出版发行：广东人民出版社
地　　址：广州市海珠区新港西路 204 号 2 号楼（邮政编码：510300）
电　　话：（020）85716809（总编室）
传　　真：（020）85716872
网　　址：http://www.gdpph.com
印　　刷：广东鹏腾宇文化创新有限公司
开　　本：787 mm×1092 mm　1/16
印　　张：10.25　　　　字　数：107 千
版　　次：2021 年 6 月第 1 版
印　　次：2021 年 6 月第 1 次印刷
定　　价：38.00 元

如发现印装质量问题，影响阅读，请与出版社（020 — 85716849）联系调换。
售书热线：（020）85716826

总　序

　　百年征程波澜壮阔，百年大党风华正茂。习近平总书记在党史学习教育动员大会上指出："我们党的一百年，是矢志践行初心使命的一百年，是筚路蓝缕奠基立业的一百年，是创造辉煌开辟未来的一百年。"翻开风云激荡的百年党史，一代又一代中国共产党人，用鲜血和生命浸染了党旗国旗的鲜亮红色，书写了可歌可泣的历史篇章，铸就了彪炳史册的丰功伟绩。一百年来，党的红色薪火代代相传，革命精神历久弥坚，红色基因已深深根植于共产党人的血脉之中，成为我们党坚守初心、永葆本色的生命密码。

　　广东是一片红色的热土，不仅是近代民主革命的策源地，也是国内最早传播马克思主义、最早成立共产党早期组织的省份之一。在新民主主义革命的漫长历程中，广东党组织在中共中央的领导下，发动、组织和领导广东人民开展了一系列广泛而深远的革命斗争。1921年，广东党组织成立后，积极开展工人运动、青年运动，并点燃农民运动星火。

第一、二、三次全国劳动大会连续在广州召开，全国工人运动的领导机关——中华全国总工会在广州诞生。中国社会主义青年团第一次全国代表大会在广州召开，促进了全国团组织的建立、发展。在"农民运动大王"彭湃领导下，农潮突起海陆丰影响全国。

1923年，中共中央机关一度迁至广州，中国共产党第三次全国代表大会在广州召开，推动形成了第一次国共合作，建立了国民革命联合战线，掀起了大革命的洪流。随后，在共产党人的建议下，黄埔军校在广州创办，周恩来等共产党人为军校的政治工作和政治教育作出了重要贡献，中国共产党也从黄埔军校开始探索从事军事活动。在共产党人的提议下，农民运动讲习所在广州开办，先后由彭湃、阮啸仙、毛泽东等共产党人主持，红色火种迅速播撒全国。1925年，广州和香港爆发省港大罢工，声援五卅运动，成为大革命高潮时期一个十分引人注目的重要斗争。1926年，在统一广东革命根据地后，国民革命军在广州誓师北伐，以共产党员为骨干的北伐先锋叶挺独立团所向披靡，铸就了铁军威名。在北伐战争胜利推进的同时，广东共产党组织和党领导的革命队伍迅速扩大和发展，全省工农群众运动也随之进入高潮。

1927年"四一二"反革命政变以后，广东共产党组织在全国较早打响反抗国民党反动派血腥屠杀的枪声，广州起义与南昌起义、秋收起义一起，成为中国共产党独立领导中国革命、创建人民军队的伟大开端。随后，广东党组织积极探索推进工农武装割据，在海陆丰建立第一个县级苏维埃政权，并率先开展土地革命，开启了中国共产党领导人民进行的最重大的社会变革。与此同时，广东中央苏区逐步创建和发展起来，为中国革命的发展作出了不可磨灭的贡献。1931年，连接上海中共中央机关与中央苏区的中央红色交通线开辟，交通线主干道穿越汕头、大埔，成功转移了一大批党的重要领导，传送了重要文件和物资，成为土地革命战争时期党的红色血脉。1934年，中央红军开始了举世瞩目的长征，广东是中央红军从中央苏区腹地实施战略转移后进入的第一个省份，中央红军在粤北转战21天，打开了继续前进的通道，成功走向最后的胜利。留守红军在赣粤边、闽粤边和琼崖地区进行了艰苦卓绝的游击战争，高举红旗永不倒。

抗战全面爆发后，中共中央和中共中央长江局、南方局十分重视和加强对广东党组织的领导，选派了张文彬等大批干部到广东工作。日军侵入广东以后，广东党组织奋起领导广东人民开展敌后抗日游击战争，成立了东江纵队、琼崖纵队、珠江纵队、广东人民抗日解放军、南路人民抗日解放军和韩江纵队等抗日武装，转战南粤辽阔大地，战斗足迹遍及70多个县市。华南敌后战场成为全国三大敌后抗日战场之一，党领导的广东人民抗日武装被誉为华南抗战的中流砥柱。香港沦陷以后，在中共中央的领导和周恩来等人的精心策划安排下，广东党组织冲破日军控制封锁，成功开展文化名人秘密大营救，将800多名被困香港的文化名人、爱国民主人士及家眷、国际友人等平安护送到大后方，书写了抗战史上的光辉一页。

解放战争时期，在中共中央的领导下，华南地区大力开展武装斗争，开辟出以广东为中心的七大块游击根据地，成立了中国人民解放军琼崖纵队、粤赣湘边纵队、闽粤赣边纵队、桂滇黔边纵队、粤中纵队、粤桂边纵队和粤桂湘边纵队等人民武装，其中仅广东武装部队就达到 8 万多人，相继解放了广东大部分农村，在全省 1/3 地区建立起人民政权，为广东和华南的解放创造了有利条件。在广东党组织的配合下，人民解放军南下大军发起解放广东之役，胜利的旗帜很快插遍祖国南疆。

革命烽火路，红星照南粤。广东见证了中国共产党从新生到大革命、土地革命，再到抗日战争、解放战争等革命斗争全过程。其间，毛泽东、周恩来、刘少奇、朱德、邓小平、叶剑英、彭德怀、刘伯承、贺龙、陈毅、聂荣臻、徐向前、李富春、粟裕、陈赓等老一辈革命家和李大钊、蔡和森、瞿秋白、陈延年、彭湃、叶挺、杨殷、邓发、张太雷、苏兆征、杨匏安、罗登贤、邓中夏、恽代英、萧楚女、阮啸仙、张文彬、左权、刘志丹、赵尚志等一大批革命先烈都在广东战斗过，千千万万广东优秀儿女也在革命斗争中抛头颅、洒热血，留下了光照千秋的革命历史和革命精神。广东这片红色热土，老区苏区遍布全省，大大小小的革命遗址分布各地，留下了宝贵而丰厚的红色文化历史遗产。

习近平总书记强调，中国革命历史是最好的营养剂。重温这部伟大历史能够受到党的初心使命、性质宗旨、理想信念的生动教育，必须铭记光辉历史、传承红色基因。我们有责任把党领导广东人民进行革命斗争的光辉历史和伟大功绩研究深、挖掘透、展示好，全面呈现广东红色文化历史，更好地以史铸魂、教育后人，让全省人民在缅怀英烈、铭记历史中汲取砥砺奋进的强大力量，让人们深刻认识红色政权来之不易，新中国来之不易，中国特色社会主义来之不易，确保红色江山的旗帜永远高高飘扬。

为充分挖掘广东红色文化资源的丰富内涵，我们组织省内党史、党校、社科、高校等专家学者，集智聚力分批次编写《红色广东丛书》。丛书按照点面结合、时空结合、雅俗结合原则，分为总论、人物、事件、地区、教育五个版块。总论版块图书，主要综述中国共产党在广东的革命斗争历史概况，人物版块图书主要讴歌广东红色人物，事件版块图书主要论说党领导广东人民开展革命斗争的历史事件，地区版块图书从地市和历史专题角度梳理广东地域红色文化，教育版块图书着力打造面向青少年及党员的红色主题教材。丛书以相关的文物、文献、档案、史料为依据，对近些年来广东红色文化资源研究成果做了一次全面系统梳理，我们希望这套丛书能为党史学习教育、革命传统教育、爱国主义教育提供重要内容支撑。

一切向前走，都不能忘记走过的路，走得再远、走到再光辉的未来，也不能忘记走过的过去，不能忘记为什么出发。站在"两个一百年"的历史交汇点上，我们要更加坚定自觉地学史明理、学史增信、学史崇德、学史力行，赓续红色血脉，传承红色基因，以一往无前的奋斗姿态、风雨无阻的精神状态，推动广东在全面建设社会主义现代化国家新征程中走在全国前列、创造新的辉煌。

《红色广东丛书》编委会

2021 年 6 月

中央苏区县雕塑

龙川县苏维埃政府旧址

龙川县城新貌

闽粤赣边五兴龙县苏维埃政府旧址

五兴龙县苏维埃政府等印章

中央苏区运输食盐仓储旧址

粤赣苏区盐道旧址

福建会馆——香港文化名人大营救指挥部旧址

经老隆转移的文化名人塑像（福建会馆）

中共后东特委、粤北省委交通站旧址

龙川传播马克思主义的刊物《雷声》（1925年2月至3月）

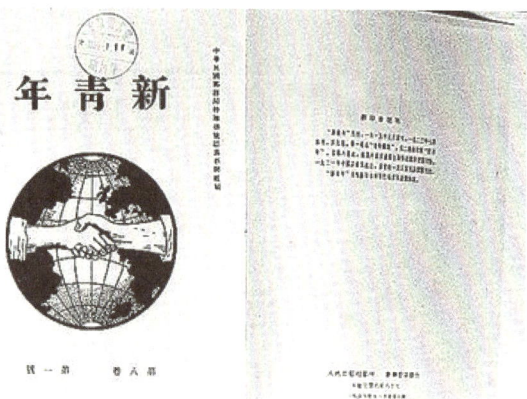

龙川传播马克思主义的刊物《新青年》

龙川县农民自卫军总部旧址

农会组织的犁头旗

龙川县农民运动讲习所旧址

矗立在鹤市街口的"鹤市武装暴动"雕塑

中共五兴龙县临委旧址

大塘肚村一角

霍山反"围剿"战斗遗址

茶活苏区反"七县会剿"战斗
旧址（原貌）

古柏烈士纪念碑

《星火报》报社旧址

龙川县青年抗日先锋队总队遗址

《龙川日报》创刊号

国立中山大学战地服务团深入东江地区开展服务活动

川北游击根据地的永安革命烈士
纪念碑

龙川革命烈士陵园内的纪念碑

解放老隆战斗总指挥部旧址

老隆寨顶

龙母战斗指挥部旧址

1949年8月1日，龙川各界在老隆举行纪念八一建军节暨龙母大捷大会现场

目 录

后　记

前　言

　　龙川地处粤东北山区，自古以来为兵家必争之地。据旧志载，龙川"踞郡上游，当江赣之冲，为汀潮之障，则固三省咽喉，四周门户"，为"水陆之要路"。龙川历史悠久，素有"珠江东水开端，岭南古县第一"和"文化古邑"之称。旧县治所佗城，是广东省首批历史文化名城，秦至民国期间，均为县或州治所，为县、州政治、经济、文化、军事的中心，素称岭南古城。

　　龙川是原中央苏区县，是广东最早传播马克思主义、最早开展农民运动、最早建立党组织和苏维埃政权的地区之一，是广东省最早解放的县，为中国革命的胜利做出了巨大牺牲和重要贡献。早在大革命前后，黄居仁、黄超凡、黄觉群、邹世俊、黄克等一批先知先觉的龙川知识青年走出山门接受爱国民主思想、传播马克思主义，他们或追随孙中山参加讨袁运动，或赴法勤工俭学接受新思潮，或参加广州农民运动讲习所学习，为家乡革命思想的传播、农民运动的开展以及党组织的建立奠定了基础，使龙川成为广东革命最活跃的地方之一。

土地革命战争时期，龙川人民在党组织领导下，率先发动"鹤市武装暴动"，打响了龙川人民武装反抗国民党反动派的第一枪，点燃了龙川革命的火种，震撼了东江上游地区。1929年春，为配合毛泽东、朱德率领的井冈山红四军主力南下开辟新的革命根据地，闽粤赣边五兴龙县苏维埃政府在龙川大塘肚成立。苏维埃政权建立后，龙川人民积极在苏区开展打土豪、分田地、反"围剿"等革命斗争活动，同时建立多条地下交通线，给中央苏区腹地输送了大量食盐和军需物资，并在扩充中央红军兵员、建设干部队伍和反"围剿"战斗中发挥了重要作用。抗日战争全面爆发后，龙川人民又投入到轰轰烈烈的抗日救亡运动中，或组建各种抗日救亡团体，或举办各类抗日训练班，发动了大批青壮年参加东江纵队，开赴前线，参加殊死的抗日斗争。

解放战争时期，龙川地方游击武装开展了艰苦卓绝的创建游击根据地和开辟解放区武装斗争，并于1949年5月14日配合中国人民解放军粤赣湘边纵队东江第二支队发动解放老隆战役，一举解放老隆，使龙川成为广东省最早解放的县。中华人民共和国成立后，经1995年广东省政府评划，龙川县共有革命老区镇21个（时全县设30个镇），占全县乡镇数70%；老区村庄256个，占全县村庄数72.1%；老区人口41.93万人，占全县总人口52.8%。至2019年，全县24个镇中有18个镇是老区镇，共有老区村202个，占全县315个行政村数64.13%。

现在，我们编辑出版《广东中央苏区龙川革命简史》，是对龙川人民伟大革命斗争历程的总结，全方位地把龙川苏区人民的巨大贡献、伟大精神充分展示出来。这是一部字里行间流淌着红色血脉，催生着革命激情的鲜活历史教材；也是一个讴歌中共龙川地方组织，讴歌龙川苏区人民，为革命老区人民树碑立传的重要红色文化载体。它将为龙川全县各级领导干部在新时代、新征程中汲取历史智慧和营养，并提供丰富的历史借鉴；也将为龙川广大干部群众接受红色文化熏陶，并将其转化为砥砺前行的精神动力，面对困难破难攻坚，不甘落后、奋勇争先，全力加快建设"人文名县·秀美龙川"，为广东实现"四个走在全国前列"作出新的更大贡献！

积土为山，积水为海。龙川，历史悠久的革命老区，厚积薄发，扬帆前行。走进新时代，全县人民将在习近平新时代中国特色社会主义思想和十九大精神指引下，不忘初心，牢记使命，奋力推进"两个龙川""两个示范县"建设，谱写美丽的龙川新篇章，为全面建设社会主义现代化国家而努力奋斗！

第一章

马克思主义传播与工农运动的蓬勃开展

第一节　五四运动对龙川的影响

龙川地处东江上游，长期以来，一泓东江水把龙川融入"惠州十属"内。龙川人民尤其是青年学子，深受东江革命风气影响，具有爱国主义精神和革命斗争传统，在国家危难之时，更表现出其极大的爱国热忱。

1919 年，五四运动爆发。从此，中国人民有了新的觉醒，进步青年更清楚地看到国家命运岌岌可危。五四爱国运动的消息传到东江地区，立即引起强烈反响。各地学生、民众纷纷组织集会、游行相互呼应。龙川留省青年邓冰、黄云阶、邬宝良，失业青年黄觉群和工商界人士黄雨村、黄秋谷等，迅速投入广州的爱国运动行列。他们不断将报导广州和各地爱国运动的宣传品寄回家乡，激发龙川县内学界和工农大众的爱国热情。县城的龙川县立中学（简称川中）、龙川第一高等小学（简称一高）学生，在获悉省城各界响应北京爱国运动消息后，立刻奔走相告，在学生中逐渐掀起响应五四运动的爱国热潮。6 月 26 日，川中、一高 300 余名师生响应广东省学生联合会号召，召开联合大会，并各自成立学生会，举行集会、示威游行。会后，师生们编成三个宣传小分队，分头上街，深入附近农村，向工农士商广泛传播五四运动消息，其斗争矛头直指日本帝国主义，愤怒声讨北洋军阀政府的卖国行径。学生宣传队所到之处，群众围观倾听。一些学生讲到痛切之处声泪俱下，激起听众的愤慨，他们纷纷高呼"外争主权、内除国贼""废除二十一条""还我青岛"等口号。广东督军莫荣新指派的龙川县县长温葆和（广西人），慑于学生、民众高涨的爱国热情，不敢反对亦不敢支持，唯恐丢了乌纱帽。

在广东省学生联合会指导下，川中、一高学生不断扩大反帝爱国宣传队伍。7月，学生队伍涌到老隆、鹤市等地张贴标语、散发传单，组织示威游行。还组织了清查仇货小分队，到圩镇的商店、水运码头和陆路交通要冲进行巡查。在小分队的诚恳劝导下，绝大多数商家、船主都接受了检查，同意把日本货当街焚毁。如县城的商号福昌、三益、裕德和老隆的祥栈晋等几间经营日本货的商家，同意将其囤积的日货当街焚毁，并保证不再经营日货而经营国货。来自龙母、铁场、赤岗、车田、黎咀、贝岭等地的学生，还利用暑假还乡之机，串联发动当地师生，宣传五四运动爱国精神，激发广大群众爱国热情。川中副校长张镇江还响应广东省文教界号召，在讲授国文课时带头将文言与白话结合起来讲授，促使川中师生接受新文化。经过这一运动洗礼，锻炼造就了一批追求进步、勇于革命的先进人物，如黄居仁、黄超凡、骆达才、黄克等，就是当年运动中的中小学生，后来成为出色的共产主义战士。

第二节　马克思主义在龙川的传播

一、龙川留省青年投身革命洪流

1917 年俄国十月革命一声炮响，给中国送来了马克思主义。五四运动以前，由于长期的封建统治，东江地区广大人民群众与全国其他地区一样，不仅在政治经济上遭残酷压迫剥削，而且在思想、文化上同样遭到严重的禁锢。地处东江上游的龙川也不例外，且有过之而无不及。反帝、反封建、反军阀的五四运动爱国浪潮，加速了龙川民众的思想觉醒，推动着新文化运动的开展。

1921 年 8 月陈独秀在广州创办了旨在宣传马克思主义、培养训练干部的"宣讲员养成所"。黄觉群、黄雨村、邓冰和龙川知识青年黄日初、邓国章、骆汝骧参加宣讲所学习。结业后，黄雨村力留黄觉群在广州东堤，以他的"粤昌"号客货栈为联络点，积极联络龙川留省人士黄秀英、邓冰、叶卓、黄克、钟彪等，投入广州的学生运动和工人运动。

五四运动前后，还有一大批中国知识分子出国勤工俭学。他们留学目的，一是学习西方文明和科学，二是学习西欧工人运动和俄国革命经验，以寻求"改造中国与世界的良方"。从1919年始到1920年年底，龙川亦有4位留省青年赴法勤工俭学。他们是邹世骏、骆开先、彭思华、黄焕章。

1921年秋，龙川留省青年黄居仁考取广东省立第一甲种工业专科学校（简称甲工）。在校时他结识该校东江籍进步学生阮啸仙、刘尔崧等人，在他们进步思想的熏陶下，积极参加校内外反帝反封建军阀斗争。他和同学周文雍深得该校教员、共产党人杨匏安的赞许。1923年6月17日广东社会主义青年团的外围组织——广东新学生社正式宣告成立（后改称新学生社）。经阮啸仙、刘尔崧介绍，黄居仁加入广东新学生社并成为该社骨干。是年秋，黄居仁加入社会主义青年团，1925年3月转为中共党员。后任团广州地委书记、中共广东区委青年运动委员会书记、团广东区委书记等职。他按广东新学生社章程，积极在全省发展新学生社组织，开展反帝爱国运动。

二、积极推动马克思主义传播

马克思主义在广东（尤其是在广州）的传播，使一批龙川籍留省青年学生、青年工人和工商界人士，有幸最先接受新思想、新文化的熏陶，接触马克思主义。他们对龙川人民的觉醒和马克思主义在龙川的传播起了重大的推动作用。留省求学的青年学生邓冰、黄云阶、邬宝良，惠州十属的"惠州会馆"（今中华全国总工会旧址）职员黄觉群和工商界人士黄雨村、黄秋谷等，他们把宣传马克思主义的各种进步书刊和传单等宣传品，不断寄回家乡，激发县内学界和工农大众不断觉醒，接触马克思主义。

1921 年 8 月，龙川留省人士黄雨村、邓冰、邬宝良等发起组织"龙川留省同乡会"，推举邬宝良为会长。同乡会出版宣传新思想、新文化和马克思主义的不定期刊物——《雷声》，并将刊物不断寄回家乡，向青年学生和民众宣传革命思想。而黄日初等人结业后，回到家乡县城四甲，组织村上青年黄德初、黄自强、陈济平等，宣传俄国十月革命和马克思主义。

1923 年 6 月 17 日，龙川青年黄居仁加入广东新学生社并成为该社骨干。是年暑假，黄居仁趁返乡之机，积极宣传新学生社反帝爱国宗旨，宣讲广州青年学生反帝爱国运动情况。经一番宣传发动后，他在家乡组织成立了广东新学生社龙川铁场支社，主要骨干有其少年时的同学罗以文、黄其鹏等。铁场支社对宣传马克思主义，促进龙川青年觉醒，起了很好的先导与促进作用。

不少被五四运动浪潮催醒的龙川人（尤其是龙川青年），他们急促地走出山门奔往省城，或拉车子、打石以谋生计，或行商经业，更有负笈向学与游学者。他们以各种方式与家乡联系和接触，将外地的新文化和马克思主义等先进思想传入龙川，为后来龙川开展国民革命运动和创建中共组织打下坚实的基础。

第三节　中共龙川地方组织
及群团组织的建立

一、龙川党团组织的创建

广州革命政府两次东征期间，东征军曾先后攻克龙川县城和老隆，随军的政治工作队宣传马克思主义，宣传以国共合作为基础的国民革命统一战线，为龙川党团组织的创立起了积极推动作用。

1925年10月，受中共广东区委派遣，随第二次东征回乡的共产党人黄觉群、曾培霖等，以及国民党人张重耳等十多人，奉命留驻龙川县城。黄觉群、张重耳以国民党广东省党部特派员身份，从事领导与开展龙川国民革命运动。随东征军返乡的还有曾在法国勤工俭学时"与周恩来同学很知己"的邹世骏，他受周恩来指派，以东征军总政治部社会科特派员身份回乡开展工农运动。同年11月，黄觉群、黄天泽（在广州手车工会时加入共产党组织）发展黄日初、杨复生（杨福生）、黄鸿良、黄伯隆、邓国章、黄自强、陈增翼、罗一如（女）等加入中国共产党，并于龙川县城戴家祠创立了中共龙川特别支部委员会（简称中共龙川特支），由黄觉群任特支书记，直属中共广东区委领导。中共龙川特支成立后，又创立了共产主义青年团龙川特别支部，由川中教师杨复生任特支书记。当时，由于中共党团组织刚创立，其组织与活动均尚未公开，共产党员、共青团员一般都以个人身份加入国民党，且以农运特派员、国民党县党部筹备员、农民协会职员等公开合法身份开展工作。

中共龙川特支建立后，身为国民党广东省党部特派员的黄觉群，还肩负着创建国民党龙川县党部的使命。早在国民党第一次全国代表大会召开后，广州市党部进行改组，黄觉群便当选为广州第五区党部第五区分部执行委员。

在中共龙川特支成员的广泛宣传发动下，1925 年 12 月，国民党龙川县第一次党员代表会在县城召开，通过成立国民党县党部，区、乡地方建立区分部组织。在代表会上，黄觉群、杨复生、黄天泽、李云山与张重耳（李、张均为国民党员）被选为国民党县党部执行委员，另由东江各属行政委员公署行政委员周恩来指派邹世俊、骆汝骧，亦任县党部执行委员。国民党县党部与中共龙川特支合署办公（特支未公开），设在县城戴家祠。会后经县党部执委会选出常务执委黄觉群、工人部部长杨复生、农民部部长黄天泽、妇女部部长罗一如。至此，龙川国共合作局面正式形成。从此，在黄觉群等一批共产党人领导下，工农革命运动迅速在全县各地开展起来。

二、成立龙川农民协会及农军自卫总队

1925 年 5 月 1 日，广东省第一次农民代表大会在广州召开。会议通过正式成立"广东省农民协会"（简称省农协）。省农协将全省分成七个地区，均设立办事处。其中 1926 年成立的龙川县农民协会（简称县农协）工作受惠州办事处管辖。各办事处实际上是省农协的派出机关，受省农协的委托，全权领导该地区的农民运动。

1926 年 5 月 1 日，广东省第二次农民代表大会在广州召开，龙川代表黄自强、黄日初出席这次大会。大会通过了《工农大联合》等多项决议，有效地推动了广东工农运动的发展。5 月中旬，龙川县第一次农民代表大会在县城召开。与会代表听取了黄自强等关于广东省农民代表大会的传达报告后，一致通过决议，成立龙川县农民协会，并选举黄觉群、黄天泽为县农协正、副主席，黄自强、杨复生、黄思岳、陈济平（陈复中）、邓鸿芹、彭赤霞、黄英奎、骆汝骏为委员。大会还通过了《龙川县农民协会章程》《龙川县农军组织章程》《告全县农民书》和《龙川县第一次农民代表大会决议案》等。此时，全县已有"3 个区、37 个乡正式成立了区、乡农民协会机构，已正式入会的会员 2870 人"。6 月，县农协推动"二五减租"土地政策落实，组织农民自卫军，打击地主豪绅的反抗。

此外，县农协还从一、三区农协内调选 80 多名青年农民，在县城朱家祠组建县农民自卫军总队，保卫县城各革命团体，由黄自强任总队长，全县计有武装农军300多名。

三、龙川总工会的成立与活动

1926年1月，中华全国总工会惠州办事处成立，领辖龙川县工会组织。6月，龙川县总工会成立，在县城挂牌办公，杨复生任县总工会主席。在中共龙川特支领导下，龙川县总工会首先在县城东坝庙办起平民学校，请川中和一高的进步教员担任教师，吸收船民、造船工人、码头与放运竹木等工人，学习文化和政治课，以提高他们的思想觉悟和文化素质。

龙川县总工会借上海五卅运动和广州"沙基惨案"的周年纪念活动之机，于县城和老隆等地着力开展声势浩大的工人运动。5月24日，龙川县党部工人部部长、县总工会主席杨复生，召集县城各界团体，组织"五卅"周年纪念筹委会，商议纪念活动事宜，决定于30日在老隆举行纪念大会。是日，以工人为主体，工农商学各界参加纪念活动的达700余人。会前先举行示威游行。队伍顺序为县党部、工人、农民、国民学校、平民学校、县立中小学等。队伍从县城经涧步、下泡水到老隆，沿途高呼口号声援省港大罢工。纪念会场设在老隆福建会馆。馆前搭起演讲台上悬挂孙中山遗像。经奏乐及向孙总理遗像行鞠躬礼后，首先由国民党左派县长周日耀发表演讲，介绍 1925 年 5 月 30 日上海发生的五卅惨案经过。然后由杨复生、黄国俊（县教育局局长）分别介绍全国各地工人、学生等纪念五卅惨案的情况。演讲者一致号召国人团结起来，打倒帝国主义列强、废除不平等条约，用实际行动支援省港大罢工。听众热血沸腾，以至演讲结束后，"打倒帝国主义！""国民革命胜利万岁！"等口号声不绝于耳。

在中共龙川特支推动下，6 月 19 日，国民党龙川县党部执委会召集县城工、商各界团体商议，筹备纪念广州"沙基惨案"周年大会。6 月 23 日，纪念大会在县城学宫举行。虽受天雨之扰，仍有数百名工农商学各界人士冒雨莅会。纪念会开始时，杨复生首先提议，为广州"沙基惨案"死难者默哀 3 分钟。随即，黄自强作报告：1925 年 6 月 23 日广州民众 10 万人示威游行，抗议帝国主义侵略暴行，游行队伍途经沙面租界对面的沙基路时，遭英、法帝国主义者开枪打死 52 人，重伤 170 多人，制造了骇人听闻的"沙基惨案"。最后，大会通过了《六二三沙基惨案纪念告民众书》，呼吁国人一致行动起来，反对侵略，支援省港大罢工；打倒列强，把帝国主义赶出国门！

正当龙川工农运动如火如荼地开展时，时任省港大罢工委员会工交委员、广州石行工会主席的叶卓（登云人），以其亲身经历回乡宣传省港罢工的重大意义。除组织登云东山农会外，叶卓还大力发动龙川各业工人声援广州工人罢工斗争，从而将龙川工人运动进一步推向高潮。当年的五一劳动节，中共龙川特支和国民党县党部除组织老隆、县城工商学界游行示威外，又跟龙川留省革命青年、县内进步青年学生联合组织的"龙川革命同志会"商议，以龙川革命同志会名义起草了《为五一劳动节告全国民众书》。传单印制后，通过省港大罢工委员会的叶卓和时任团粤区（两广区）委代理书记的黄居仁等，向全国和南洋等地散发。传单号召全国民众要打倒压迫阶级，"就要大家联合起来，参加反帝国主义的战线——被压迫者的战线，向帝国主义的营寨冲锋"。传单中的口号感人肺腑，教人激扬奋进。

第四节 大革命运动在龙川的深入开展

一、创办龙川农讲所与举办农训班

1. 龙川农讲所的创办

1924 年 1 月 20 日至 30 日，国民党第一次全国代表大会在广州召开。它标志着国共合作的实现和以国共合作为基础的革命统一战线的形成。6 月 30 日，国民党中央执行委员会第 39 次会议作出决定，在广州设立农民运动讲习所作为中央农民部的辅助机构。广州农讲所为大革命时期各地开展农民运动培养了大批骨干力量，对全国产生巨大影响。各地纷纷仿效广州农讲所的做法，举办农讲所或农训班或农军学校，培养农民运动干部，为中国革命作出重大贡献，产生深远影响。在广州农讲所影响下，广东省内举办的培养农民运动干部的学校有 18 所，龙川农民运动讲习所便是其中之一。

龙川农民运动讲习所于 1927 年 1 月在县城郑家祠举办。招收学员 100 名，以龙川籍为主（50 名），余者来自河源、和平、兴宁三地。国民党龙川县县长罗俊超兼班主任，第五届广州农讲所毕业学员黄自强为副班主任并具体负责班务工作。康国文、叶发章为专职教员，兼职教员黄觉群、罗俊超、杨复生、黄天泽、陈增翼、邓鸿芹、黄思岳等轮流到班内上课。教学内容等完全仿效广州农讲所，即国民革命的基本知识、农民运动的理论与实施方法，教法上遵循理论紧密联系实际。具体课程如下：三民主义，中国国民党史，中国农民问题，农村教育，中华民族革命运动史，社会主义与社会问题，中国政治状况，经济学知识，苏俄状况，中国史概要，中国职工运动，广东第一、二次农民代表大会决议案，海丰与广宁农运概况，法律常识，农业常识，革命漫画，革命歌曲等。按内容多寡而定各科目课时的多少，最多为23课时，最少为4课时（每课时以1小时计）。

学生除了在课堂听课外，还要进行严格的军事训练和参加社会调查。军事训练科目亦仿效广州农讲所，训练时间占全部课程的五分之一，地址在县城城郊的马箭岗。由黄自强、黄天泽具体负责授课与训练事宜。军训内容主要包括持枪立正，稍息及上、下刺刀，集合与散开，队列和操练，步枪各部的用法与解释、分解与结合，枪的擦拭与保管和射击要领，战时射击方法，利用地形地物的防御与射击，行军警戒要旨，宿营注意事项，对敌主力及敌阵地的侦察方法，冲进敌军事机关及后方办事处之要领等。军训时，上午4课时，下午5课时，夜间演习1课时。经过紧张的军训，学员磨炼了吃苦耐劳、坚强不屈的斗志，学到了基本军事知识和实际本领。按规定，毕业前夕组织学员到四甲和县城附近农村搞实习调查，向农民宣传国民革命和各地农运情况，促进乡村农会的成立与发展。原定学员四个月毕业，后因龙川国民党右派不断与共产党人制造摩擦，尤其蒋介石于上海发动四一二反革命政变后，全国革命形势急转直下，广东亦发生了四一五反革命政变。在此形势下，龙川农讲所学员提前毕业，并回到各自的县区、乡村开展农民运动。

2. 举办龙川农训班

龙川农训班于 1927 年 11 月至 1928 年 1 月于铁场小学举办，由铁场赖坑青年罗以文主持。罗以文是就读中山大学时加入共青团组织的进步学生，广州四一五反革命政变后，为避国民党当局追捕而返乡。罗氏于 1925 年秋考入广东大学（为纪念孙中山，1926 年易名中山大学）就读，时值广州农讲所开办之际，在龙川旅省同乡会中认识了就学过广州农讲所的四甲青年黄克、黄自强等。由于政治目标相同，他们在广州时就很投机，过从甚密。黄自强毕业后曾任省农运特派员到惠州开展农运，后回乡筹办第一区农民协会。黄克毕业后任中央农民部农运特派员，1927 年 12 月参加广州起义失败后，回乡继续开展革命活动。罗以文特邀黄自强、黄克到铁场开办农运训练班。

铁场农训班学员 90 余人，主要来自龙母、黎咀、铁场，时值农闲季节，学员以农民居多。农训班班主任黄自强，教员黄克、黄其鹏、罗以文等。黄自强曾在县城办过龙川农讲所，在他的主持下，教学内容、方法和军训等方面，都参照龙川农讲所。如黄其鹏主讲三民主义、国民党党纲及宣言；黄自强主讲国民革命与农民运动和军事训练；黄克主讲中国社会各阶层分析与农民运动、国共合作和共产党的建设；罗以文主讲中华民族反帝侵略革命史、共青团组织及宣传工作。当时农民从来未听过这些革命理论，无不感到耳目一新，从而加深了对旧社会的认识，提高了思想觉悟。农训班起了很大的启发与教育作用。学习期间，每日早晨，学员在学校操场跑步半小时。上午、下午上课，傍晚由黄自强负责军事训练，夜晚进行小组讨论或教唱《农民之歌》《国民革命》等歌曲。值得一提的是，学员每人自带米、菜或自筹伙食费用，其追求革命和进步的精神难能可贵。

农训班原定 1928 年春耕前结业，由于形势变化，被迫在春节时结束。

二、开展"二五减租"斗争

1926 年 5 月 1 日广东省第二次农民代表大会在广州召开，通过了《工农大联合》等多项决议，有效地促进与推动了广东工农运动的发展。5 月中旬，龙川县第一次农民代表大会在县城召开，到会代表 200 余人。与会代表听取了黄自强等关于省农民代表大会的传达报告后，一致通过决议，成立龙川县农民协会。县农协成立后，深入组织实行"二五减租"政策。

6 月，县农协印制了"二五减租"布告，订罚则、刻会章、制犁头旗和标语口号，分发各区、乡农协会使用。为适应农会斗争需要，一些区、乡还设立农协联防办事处，组织农民自卫军，反击地主豪绅的反抗，以保护"二五减租"的顺利进行。

四甲上印村农民协会领导农民实行"二五减租"，废除大斗、大秤，反对买卖婚姻，大张旗鼓开展打倒土豪劣绅的斗争。之后，四甲分区农会成立，统一领导各村基层农民协会都实行减租减息、公斗公秤。

县农运特派员、国民党鹤市区分部主委罗思沅和县党部执委黄觉群一起，积极宣传鼓动宦境、高塘角、欧江等地农会会员起来参加"二五减租"打土豪劣绅。在宣传发动中，他自编的歌曲和民谣更利于农友接受。一时鹤市地区到处传唱着"打倒地主，实行减租。农民胜利万万岁！""打倒土豪、打倒土豪，除劣绅，农民胜利万万岁"，还有民谣如"穿烂衫、住烂屋，食的烂番薯，农民真辛苦！""贪官凶、污吏恶，地主又剥削，农民无安乐！""要做主、要翻身，不分族和姓，农民团结紧"。这些歌曲和民谣很有鼓动性，农友经常在区农协办公地鹤市街善堂门前演唱，使鹤市农运浪潮一浪高过一浪，声势浩大。

鹤市农会搞"二五减租"时，地主不敢当面违抗，暗地里却用大斗来收谷。鹤市农协负责人黄瑞庭、黄云泉与罗思沅商议，召开鹤市区农民协会（简称鹤市区农协）执委会，决定设立公斗、公秤，在全区内执行。若发现不使用公斗的，不是将斗锯小就是当场砸碎，以这强硬手段对付地主豪绅。然而，地主诡计多端，当春荒和青黄不接之际，他们囤谷不粜，甚至外调，致使鹤市一带谷价由一石3元涨至6元。鹤市区农协与中共龙川特支书记黄觉群、共产党人杨复生（紫市人）等研究决定，由杨复生负责到登云与五华交界处蓝关去"截水"（即截断米谷不予外调）。罗思沅负责往广州购运暹罗（今泰国）米，凭"农会会员证"降价卖给缺粮户。区农协干部张富生（罗乐人）率3人带枪专职到蓝关"截水"，凡出口一石谷，收费1元。投机商无利可图，以至于鹤市谷价下跌，遂民心安定。

7月，广州国民政府出师北伐。黄埔军校毕业生、国民党左派军人邹泰安（龙母龙寨村人）趁出师前省亲，带回马克思、列宁、孙中山画像，挂在该地登龙寨小学课室内，向师生和当地民众宣传国民革命，鼓励支持进步乡绅邹汝梅、魏作梅等组织农民协会，实行"二五减租"，开展农民运动。是年冬，龙母地区的兴隆屯、旺基塘、西和岭、大塘等村民近1000人，在登龙寨集会。他们高挂"犁头旗"，高呼"实行减租减息""耕者有其田"等口号，宣告永和农民协会成立。会上选举邹汝梅、魏作梅为正、副主席，田百奋、邹振东、魏庆昌为农协委员，农协会员发展到300多人，实行"二五减租"和开办新型学堂等。广东国民党右派发动四一五反革命政变后，永和农民协会被迫停止活动。

12月，彭赤霞（车田人）出任县农协会委员兼车田区农民协会（简称车田区农协）委员，协助农民出身的车田区农协主席巫亚海，组织乡村农民协会，开展农民运动。彭赤霞到任车田后，在车田街尾搭起一个台，登台讲演，号召农民团结、组织起来，为维护农民自己利益而斗争。由于他在乡间的知名度高，每圩听众日增，服膺其所演说之理。有一次，当彭赤霞演讲完毕后，车田区农协还举行了声势浩大的农民示威大游行，参加者达好几千人。由学校组织的军乐队为前导，区农协会会长巫亚海身着蓑衣，手挥锄头，威风凛凛率队前进，沿途高呼"打倒地主""打倒土豪劣绅""打倒贪官污吏""一切权力归农会"的响亮口号，吓得地主豪绅关闭门户不敢出来。游行路程 20 多里。当游行队伍抵达车田"团练局"时，愤怒的农会会员将"团练局"牌子撕下，挂上"车田区农民协会"的招牌，并在门前竖起农会的犁头旗，迎风招展，一派改天换地的景象。农会会员斗争觉悟不断提高，斗争手段更加坚决，地主豪绅不敢反抗，遂服从农会决议。车田地区"二五减租"得以顺利实行。

三、整顿改组国民党龙川县党部

1926 年是龙川国共合作的鼎盛时期。那时龙川已正式登记入册的国民党党员（含共产党员）为 1684 人，其中工商学界 596 人，在全国总工会惠州办事处所属的八个县中，仅次于惠阳的 2403 人（含惠州市）。

1926 年 3 月，蒋介石在广州制造了大规模的反共事件——"中山舰事件"，以中山舰"自由行动，图谋不轨"为名，大肆发难，公开打击排斥共产党人。而后，在国民党二届二中全会上蒋介石又抛出《整理党务案》，以所谓改善调整两党关系为借口，运用国民党的组织机制，用国民党中央的名义公开和全面地限制、排斥与打击共产党人。同时，蒋介石在会上还提出重新登记党员，以进一步控制共产党人的活动。

4月下旬，整顿改组国民党龙川县党部拉开序幕。中共惠州地委书记、国民党惠州八属党务组织委员肖鹏魂，派刘战愚前往龙川，负责改组国民党龙川县党部。不久，国民党广东省党部又派龙川籍的黄宗治、彭学源（均共产党员）和黄振汉来龙川指导改组工作。其实，当时龙川县党部的执行委员大部分都是共产党员。为执行改组任务，县党部成立"改组委员会"负责全县的改组工作，由黄伯煦、黄天泽、黄自强、黄道成、陈益枢组成。

5月15日，在改组委员会召集下，于县城礼堂召开国民党龙川县第二次党员代表大会。出席该次大会代表170人，代表全县5个区党部、76个区分部，共2103名党员（该年年底的数字），另有来宾500余人。礼堂内挂着"国民党龙川县党部选举大会"的横额，两边的对联是"革命尚未成功，同志仍须努力"。正中挂着孙中山遗像，四周墙上贴着"打倒帝国主义""打倒军阀""实行国民革命"和"实现三民主义"等标语。

大会由黄自强主持。公推黄自强、黄天泽、黄日初为主席团成员。周日耀县长领读孙中山遗嘱，黄天泽报告县党部改组经过，周日耀、张聪（一区区长）及区分部代表演讲发言。而后，进行大会选举，代表向大会提案及大会决议等。

大会选举的具体情况。由代表推举出派选票人黄道成、黄继梅，监发票人黄天泽、黄日初，收票人黄梅友；唱票人罗俊波，监票人陈济平、郑秋华。经选举，当选为县执行委员者"黄自强

（142 票）、黄天泽（140 票）、黄日初（136 票）、黄伯煦（106 票）、邓国章（105 票）、杨复生（98 票）、黄道成（84 票）；当选为候补执行委员者陈联标（71 票）、陈觉非（60 票）、巫超贤（27 票）；当选为监察委员者李子廷（84 票）、陈复中（陈济平，65 票）、黄国章（38 票）"。后经执委会成员议决，一致推举杨复生为龙川县党部主席。

七个提案经代表大会议决并付诸实施。"一、请周日耀县长饬令各区警署拨出部分款项以作各区党部经费。二、严厉实行整顿全县教育，请周县长饬令各区乡的蒸尝、神会、儒租等，概为该区乡建筑校舍之用。三、张重耳借党费而畏罪逃逸，请上级党部开除其党籍，并由县长下令通缉归案。四、请县长下令撤销三区（鹤市）土豪劣绅组织的保卫团（护富团），以除民害。五、同意三区农会之决议，禁止米谷出口，以保地方民食。六、反对开设赌馆。七、请县长饬令各区乡必须全力扶助农工团体的发展。"

综观国民党龙川县党部改组后的第二届执委会成员，大部分还由共产党人担任，没有受国民党中央二届二中全会通过的《整理党务案》的干扰。县党部第二届执委会成员就职视事后，随即发动工农商学各界广泛开展国民革命运动。在共产党人的帮助和推动下，龙川县党部忠实执行有共产党人参加起草的以反帝、反封建为主要内容的《中国国民党第一次全国代表大会宣言》，提出打倒军阀、打倒国际帝国主义的口号，有力地促进龙川第一次国共合作的顺利进行，推动龙川工农革命运动迅猛发展，在龙川人民革命斗争史上留下光辉的一页。

第二章
龙川中央苏区的创建与发展

第一节　龙川县红色政权的建立与发展

1927 年，蒋介石在上海发动四一二反革命政变，公然反共，大肆屠杀共产党员和革命群众。为反击国民党右派的进攻，根据中共中央八七会议精神，在中共龙川特支的领导下，1928 年春，龙川县建立苏维埃政权，组建工农革命军，发动震撼东江上游的鹤市武装大暴动，从而揭开了龙川土地革命战争的序幕。

1928 年 4 月，五华、兴宁、龙川县组织举行"年关暴动"失利的领导人汇集龙川霍山，成立中共五兴龙临时工作委员会，统一领导三县革命斗争活动。1929 年春，为配合毛泽东、朱德率江西井冈山红四军主力分兵闽粤赣边扩展，建立革命根据地，五华、兴宁、龙川三县工农代表在大塘肚长塘面召开大会，成立闽粤赣边五兴龙县苏维埃政府。同时，将东江、龙川县游击大队合编为五龙兴县游击大队。闽粤赣边五兴龙县苏区建立后，采取各种措施加强政权建设，开展打土豪、分田地，建立地下交通线，加强根据地与中央苏区腹地的联系，与国民党当局进行殊死斗争，并发展成中央苏区的一部分。

在长达 10 年的土地革命战争期间，老一辈无产阶级革命家毛泽东、彭德怀、彭湃、林伯渠、古柏等先后踏足龙川，指导龙川苏区人民开展革命斗争，其中红一方面军前委秘书长古柏曾多次抵龙川指导革命，最后长眠于斯。据不完全统计，龙川人民在土地革命战争时期先后经历大大小小战斗 220 多次，其中，龙川大塘肚村就经历大小战斗 24 次，打退了敌人 5 次较大规模的进攻。全县有近千名工农民众在战争中牺牲，其中，龙川大塘肚村在 1 年半的时间内就有 140 多人为革命事业献出了宝贵的生命。

一、创建龙川县苏维埃政权，发动鹤市武装暴动

1. 创建龙川县苏维埃政权

1927 年年底，参加广州起义撤退至东江地区的黄克，受中共广东省委派遣，回龙川坚持革命斗争。黄克在家乡四甲与当地共产党员黄自强和农运干部陈济平、陈觉非、陈云侠、戴文达、黄德初等，深入每个村寨走家串户向农民宣传，揭露地主剥削佃农的事实，启发农民进一步团结起来，为保卫自己的农会组织而斗争。为加强领导，黄克建立了四甲中共组织，吸收农运骨干陈济平、戴文达、黄德初等加入共产党组织。此外，黄克还积极与广州起义前后已回鹤市、登云地区的共产党人黄觉群、钟彪、叶卓等取得联系，以便建立统一的中共组织来领导和开展龙川革命斗争。

1928 年 1 月，在鹤市芝野村钟玉周家里秘密召开党员会议，改选中共龙川特支。参加会议的有黄克、叶卓、黄觉群、钟彪、黄天泽、黄德初、杨复生、戴文达等。会议由钟彪主持，选举黄克为特支书记，组织委员黄觉群、宣传委员杨复生。会上还汇报、研究了四甲、登云、鹤市等地的农运情况，讨论成立县苏维埃政府（又称县革命委员会）和举行年关武装暴动问题。

1928 年 2 月，时值农村春节刚过后，原县农协的一些负责人、龙川特支成员、国民党龙川县党部左派人士、四甲与坪田等地的农会会员及农民自卫军战士等聚集在四甲上印寨，隆重举行龙川县苏维埃政府成立大会。

大会由黄克主持，经大会推选，黄克、黄觉群、杨复生、陈济平、邓雨田、黄日初、黄自强、钟彪、黄天泽为龙川县苏维埃政府执行委员，黄克为县苏维埃政府主席。县苏维埃政府政府下设四个部：财经部主任陈济平，委员黄日初、邓雨田；宣传部主任杨复生，委员戴文达；农运部主任黄觉群，委员黄天泽；军事部主任黄克（兼），委员邹铁强（邹亚泮）、黄彩亭（庭）。与此同时，黄克在会上还庄严宣布：正式成立东江工农革命军第一军，由东江特委巡视员刘琴西挂军长衔，总指挥黄克。

大会上，黄克代表县苏维埃政府颁布革命政纲，提出打倒土豪劣绅、没收地主土地、实行耕者有其田、清除苛捐杂税、一切权力归苏维埃、改善农民生活等。革命政纲宣布完毕，全场一片欢呼。接着，近 400 多名手持梭镖、大刀、矛、枪等武器的工农革命军，举行了武装总检阅和示威游行，高呼"打倒国民党""打倒蒋介石"等口号。

龙川县苏维埃政权的建立有着重大的革命意义。县苏维埃政权的建立，开创了龙川人民建立革命政权的先河。县苏维埃政权颁布的政纲和口号，代表了苦难深重被压迫的劳苦大众的愿望与要求；县苏维埃政权的诞生，使龙川广大工农群众看到了自己的力量、前途和希望。随后，县内的仙寨、登云、田北、骆歧、园田、径口、大塘肚、良兴、大岭、茶活、青化、青云、黄麻布、阁前、黄埠、小东坑等地，也相继建立起乡村苏维埃革命政权。其中，大塘肚苏区发展成为东江革命根据地重要组成部分，成为县苏维埃政府及其游击总队等机关驻地，形成了武装割据之势。

2. 发动鹤市武装暴动

1927 年 12 月，广州起义失败后，中共东江特委坚决贯彻执行中共中央和广东省委的指示，发布《中共东江特委紧急通告》（简称《通告》）。《通告》要求东江各级党组织利用年关地主豪绅逼租催债之机，领导工农实行"年关大暴动"，反击国民党的武装斗争。1928 年 1 月 14 日，在《中共东江特委发展暴动的计划》中，更进一步明确提出要"以年关暴动去引起东江的大暴动，完成东江的割据"。为实现工农武装割据，中共龙川特支选择了鹤市作为暴动目标地。如果成功攻克鹤市，不仅震动大，还将四甲、鹤市、登云一带的农运连成一片，形成五兴龙边境武装割据。

鹤市，旧称鹤树下，位于县城之东，离四甲上印约 20 千米，时为第二区公署所在地，仅次于县城、老隆，为县内第三大圩镇。鹤市地区文化较发达，地主官僚亦较多。然而，在鹤市周围的乡村，农运蓬勃开展，1925 年，罗思沉就在竹头神乡（今紫市）竖起犁头旗，建立农民协会。1927 年 11 月，为配合广州起义，由中共广东省委派遣的五（华）兴（宁）龙（川）工作团（30 人）潜赴海丰学习后，回乡参加年关暴动的工人叶卓、钟彪等，在鹤市周围的芝野和登云东山等地蓬勃开展农民运动。

龙川县苏维埃政府成立后，县苏维埃政府领导人即着手筹备武装暴动事宜。在芝野改选特支成员的集会上，选择暴动地点时曾有过争论。黄自强等提出先攻老隆，次及鹤市，最后进取县城。理由是：老隆乃东江上游重镇，商业繁盛，若攻下老隆，政治声势影响大。而黄觉群等则提出先取鹤市，次及老隆，最后进取县城。理由是：虽然国民党顽固派在鹤市地区势力较大，但鹤市地区的农运基础好，又毗邻五华等地苏区，便于相互照应，同时还可动员鹤市周围农军配合，取胜可能性较大。最后，多数领导人同意先进军鹤市。随即成立了进军鹤市指挥部，由黄克任总指挥，邹铁强、黄彩亭任副总指挥，时间定于 3 月 10 日。为使暴动成功，中共龙川特支和县苏维埃政府决议采取几项有效措施：

第一，争取改造一支民间武装力量。在四甲与河源边境活动着黄亚辣（黄彩亭）、邹铁强统领的近 120 人枪的民间武装力量。这支队伍是陈炯明残部，装备精良，且有实战技能。他们行踪飘忽，国民党当局对其亦无可奈何。经中共龙川特支研究，决定由黄克通过亲戚关系与其首领等人取得联系。经多次动员诱导与洽谈，他们表示愿意率领全部人枪与东江工农革命军合编，服从中共龙川特支指挥，从而壮大了工农革命军力量。

第二，破仓积粮。为保证暴动所需给养，除由各地农会节支屯粮外，还派出一支农军攻入四甲的一家地主院宅，破仓取粮200多石，保证了进军期间500余人的食粮。

第三，积极训练农军提高军事素质。工农革命军在上印寨县苏维埃机关旁边的操场上日夕操练，训练刺杀、对抗等动作要领，黄克、黄亚辣、黄自强等任教官。工农军组成四个编队，分别由中共龙川特支成员领导。每个编队按连、排、班编制管理，用不同颜色的帽子区别连长、排长、班长，每个战士发一红布条，暴动进攻时系于颈项以示区别。

第四，加强充实武器装备。武器是战争的重要因素，为解决工农革命军武器装备差的问题，中共龙川特支动员农会、农友献（借）出枪支，而他们手中的这批武器，大都是不久前张发奎、李济深为争夺广东地盘而引起"张黄事件"时，在龙川战场上丢弃的。1928年年初，张部薛岳率第四军进入鹤市地区，李部黄绍竑之两陈（陈铭枢、陈济棠）率第十五军从五华压来。两支北伐时并肩挥戈，曾获"铁军"称号（陈济棠师未北伐）的劲旅，于龙川同室操戈。最后，陈部败走五华。待黄绍竑得援军复在龙川县城附近再战时，张部主动撤退，经老隆、黎咀转和平进入赣南。军阀混战给工农大众带来不少灾难，而双方在慌忙撤退时也丢弃了一些枪械、辎重，被农民上山打扫战场时拾获。然而不少农户为了生计将其出售，这些武器竟被豪绅、地主或县衙等不失时机地廉价购买去了，剩者寥寥。以致工农革命军错误地估计了关于这批枪械来源的形势，献（借）来的武器很少，此亦成为日后暴动失利的原因之一。

经过严密准备，依照暴动前中共龙川特支联席会议的统一部署，3月6日工农革命军总指挥部派钟彪（芝野人）往仙寨、芝野、东山等地，向工农军各编队具体传达进军鹤市命令，但他在传令途中出现了意外。3月7日当钟彪向仙寨编队领导黄觉群、黄鸿良、黄云泉等传达了总指挥部暴动部署后，继续前往芝野、竹头神、东山等地。当行经欧江石陂咀字纸塔桥头时，钟彪被当地黄元增"富户团"的巡夜队员截获，并当场惨遭杀害。藏于钟彪身上的工农军各编队的花名册（未写发难时间，此前各编队领导人已知悉）以及进军鹤市的路线图、标志、标语、布告、口令等均落入敌手。

地主黄元增得到这些机密如获至宝，星夜向鹤市区保卫团董张月舫、区长兼警察所所长陈伟枝密报。张、陈速转报县长黄蔚文，于是当局加强了对鹤市的戒备。与此同时，县长派亲信邹岳、黄雄等分别率队，按花名册名单突然袭击，搜捕登云双桥的郑美林等一批工农军骨干。

工农革命军总指挥部按原计划于3月9日晚，四甲编队400余人在坪田分水坳誓师出发，在朦胧月色中翻山涉水向鹤市进发。黎明前抵鹤市连坑尾，分散隐蔽。凌晨4时半后，黄克下进军令。黄亚辣率五响枪队猛冲下山担任正面主攻，其他队伍则分头配合守山头、卡路口、打援敌。战斗打响后，因敌人早有戒备，黄亚辣带队伍一时攻不进鹤市街，双方在街圩桥头僵持对峙。不一会儿农军前锋终于瞄准突破口，涉水冲过河去，斩开栅栏冲入街内与敌展开巷战。黄克身先士卒冲进区警署，但署内空无一人。原来坐镇鹤市的县警大队队长黄雨生，三天前虽已获悉农军要攻打鹤市，但不知是哪一天行动，没料到来得如此神速。他在睡梦中被枪声惊醒，一边慌忙喝令守兵应战，一边带几个亲信趁天色未明潜逃了。区警署内挂着的25支长枪和门外黄雨生的坐骑，均成了农军的战利品，其他来不及逃的警兵成了俘虏。

结束战斗后，农军四处张贴东江工农革命军第一军布告和标语。附近农民赶来，黄克站在街头一角高处向民众演说，当他宣布没收几家财主的财物分给贫苦农民时，人群中欢声雷动。

9时许，黄克获悉钟彪遇害，以致其他编队和农军的策应相继受挫，深感孤军深入无援，遂下令立即撤退。刚撤出街口，张月舫等纠集的地主武装与县警队便包围过来。工农革命军且战且退，至芝野陂下又遭黄雨生部和宦境保卫团的夹击，伤亡几十人，经大半天的冲杀才突出重围，退回四甲上印寨。徐元昌、陈汝涛、邹安、罗连、江桂、王观章、何发祥等在突围中牺牲。

鹤市武装暴动是中共龙川特支坚决贯彻执行中共广东省委、东江特委关于举行"年关暴动"的指示而进行的一次工农革命武装斗争，是东江武装大暴动的重要组成部分。虽然暴动前后仅历时1个多月，也未取得成功，但仍具有一定的作用和意义。

一是配合与支援了东江各地的武装暴动斗争。这次暴动是中共龙川特支领导武装斗争的创举，在一段时间内有效地牵制了五华、河源、龙川国民党地方武装的很大一部分兵力，为五华、河源、龙川县内其他苏区的创立与发展创造了有利条件，从客观上起到了配合与支持东江各地武装暴动的作用。

二是鹤市暴动和县苏维埃政权的建立，揭开了龙川人民以革命武装反抗反革命武装的斗争历史，有力地打击了敌人的反革命嚣张气焰，显示了龙川党组织不畏强敌、敢于斗争的精神。

三是开创武装夺取政权的先河。尽管鹤市武装暴动最后失败了，但暴动是龙川广大工农大众在中共龙川特支领导下进行的一次有组织、有计划的军事武装斗争尝试，开创了中共龙川组织领导工农群众武装夺取政权的先河。

二、成立五兴龙县临时工作委员会

东江各地坚决贯彻执行中共东江特委实行年关暴动的指示。龙川方面，东江工农革命军第一军于 1928 年 3 月举行鹤市武装暴动。暴动失败后，龙川党、政、农协部分领导人向霍山地区转移，继续坚持斗争。五华方面，中共五华县委组织实行 10 万农民年关大暴动。暴动失败后，革命重心部分向五华、兴宁、龙川三县边境地带转移，革命队伍于 3 月下旬退守龙川霍山。兴宁方面，广东工农革命军第十二团迫于敌人强力镇压的严峻斗争形势，部分武装人员往龙川霍山方向转移并退守霍山。至此，五华、兴宁、龙川年关暴动失利的中共革命力量走到了一起。

1928 年 4 月 3 日，国民党龙川当局纠集五兴龙三县地方武装

1000多人"会剿"霍山。为摆脱困境、统一指挥起见，经协商，于太乙岩召开三县党员代表会议，成立中共五兴龙县临时工作委员会（简称五兴龙县临委），推举叶卓为五兴龙县临委书记，蓝胜青（兴宁县委书记）、刘光夏（十二团团长）、古清海（五华县委委员）为委员。五兴龙县临委统一领导与指挥霍山反"围剿"的武装斗争，决定刘光夏、蓝胜青率十二团进行突围，突围后化整为零，分散在龙川中北部和兴宁西部边境地带隐蔽活动。突围之后，工农军领导刘光夏、蓝胜青等，在十二团政治处主任、宣传队队长曾不凡家中，召开县临委紧急会议，认真分析了当前严峻形势，认为是犯了"军事投机主义错误"。为保存力量，创造新的革命高潮，决定暂时解散队伍，把长枪隐藏起来，持短枪秘密集中活动。会后，蓝胜青率队转移到兴宁梅子坑活动，刘光夏率队转移到九龙嶂，陈锦华、叶卓、罗屏汉等转移到大坪一带开展土地革命和武装斗争。

三、闽粤赣边五兴龙县苏维埃政权的建立

1929年1月，为配合毛泽东、朱德率江西井冈山红四军主力分兵闽粤赣边扩展，建立革命根据地，中共东江特委派巡视员刘琴西来到粤赣边区的龙川大塘肚革命根据地视察。大塘肚四周高山环抱，重峦叠嶂，古木参天，林荫蔽日，又地处龙川、兴宁两

县交界处，离兴宁县城和龙川县城均较远，是国民党当局鞭长莫及的地方，有建立革命根据地的良好条件。

1929年3月初，受中共东江特委派遣，在特委巡视员刘琴西具体指导下，五华、兴宁、龙川三县工农兵代表大会在大塘肚长塘面召开，出席代表80多人。大塘肚及其附近的三架笔、二架笔、双头山、岐岭、上下畲、桥背、横江等各村农会、赤卫队代表300多人出席大会。大会通过成立闽粤赣边五兴龙县苏维埃政府，选举曾不凡为县苏主席，潘火昌为副主席，罗屏汉、胡燧良、古汉忠、罗文彩、蓝素娥（后增补）为常务委员。同时还分别建立赤（岗）龙（母）铁（场）区、龙（县城）老（隆）鹤（市）区、（罗）岗（石）马（大）坪区、罗（浮）黄（陂）区四个联区政府及其中共区委，骆均光（后曾彪）、崔兰、蔡梅祥（后罗宝良）、刘汉（后刘卓中）分别任四个区的区委书记。后增加上贝浮区，区委书记张观佑。

与此同时，东江游击队、龙川游击大队共80多人枪（一说100多人枪），整编为五兴龙游击大队，罗柏松任大队长，潘火昌兼政委。在整编时还挑选出20多人组成红军独立连，彭城任连长，至同年6月扩编为独立营，营长彭城，党代表罗屏汉。

至此，以大塘肚为中心的五兴龙苏维埃政府正式形成。它是在土地革命战争时期的中共东江特委辖区内，继1927年11月成立的海陆丰苏维埃政权后，又一个联县苏维埃政权。

四、成立中共龙川县委、县革委

1928 年 3 月，鹤市武装暴动失败后，龙川的革命斗争活动逐渐由川南地区向川中、川北一带转移。地处龙川东北部大塘肚乡（今属回龙镇）逐渐成为革命重心。大塘肚乡（今属回龙镇）与兴宁大坪区仅一山之隔，且毗邻兴宁罗岗、罗浮地区。在兴宁大坪白云村知识青年罗屏汉（1926 年 10 月加入共产党，并在广州从事革命活动）的领导下，大塘肚建立了中共大塘肚支部，并于 1928 年 7 月下旬成立了大塘肚乡农民协会（简称大塘肚乡农协），初步形成革命根据地。

大塘肚乡农协成立后，根据中共东江特委巡视员刘琴西的指示，在大塘肚支部领导下，发动贫苦农民开展革命斗争，逐渐发展成为巩固的革命根据地。在大塘肚乡农协的影响下，龙川中、北部地区的横江、桥背、岐岭、上下畲、良兴、大岭、马布、慕道、园田、骆岐、下陂、径口、祠堂角等乡村，纷纷建立了农会和中共基层组织，领导农民抗租废债，有力地打击了地主豪绅的反革命势力。

为适应新的革命斗争形势，1929 年 1 月，中共东江特委决定在大塘肚成立中共龙川县临时委员会（简称县临委）和龙川县临时革命委员会（简称县临革委）。县临委书记叶卓，副书记陈锦华；县临革委主任胡燧良，副主任曾彪、吴子廉。同时还建立了龙川县游击大队，大队长陈锦华（兼）。至同年 12 月，县临委遵照中共广东省委给东江特委的指示，关于"至龙川工作如已有相当发展，可以成立县委"之精神，在回龙园田禾场背召开龙川县第一次党员代表会。到会代表 30 余人，大会通过成立了中共龙川县委和龙川县革命委员会（简称县革委，即龙川县苏维埃政府）。选举县委书记陈锦华，组织部部长叶卓、宣传部部长曾彪、少共（青年团）书记吴子廉、妇联主任蓝素娥；选举县革委主任袁祥钦。县委、县革委机关驻地设园田禾场背袁高榕家。为便于领导，赤岗、龙母分设区委，赤岗区委书记傅仕添、龙母区委书记张权。

五、成立中共五兴龙县委、兴龙县委、兴龙寻安县委

1. 成立中共五兴龙县委

五兴龙苏区革命根据地的创立，像一把尖刀插入粤赣边区国民党政权的心脏，给敌人以狠狠打击。1930 年年初，正当东江革命根据地形势发展喜人之时，李立三"左"倾冒险主义错误实际上已在中共中央占据统治地位。3 月，中共广东省委召开的第二次党代会认为："广东党当前的主要任务，是坚决地争取一省或数省首先胜利的前途。为此，决定组织地方暴动，由东江红军进攻惠州，进而夺取广州。"会后，中共东江特委速即在八乡山召开扩大会议，贯彻省委会议精神。9 月，五兴龙县苏维埃贯彻执行中共东江特委攻打中心城市，实行总暴动的方针，促使国民党龙川当局强力割断人民群众与共产党、红军、游击队的联系，同时

调整县内行政区划，并实施保甲制，和军事"围剿"。自此，共产党和红军游击队的活动陷于十分困难境地。

为适应革命形势发展，1930 年 11 月 1 日，成立中共闽粤赣特别委员会，同时将东江特委划分为西北、西南两个分委，西北分委书记刘琴西。12 月下旬，闽粤赣苏区特派员、西北分委书记刘琴西，在新村南扒主持召开了五兴龙县党员代表会，成立中共闽粤赣边五兴龙县委和改组五兴龙县苏维埃政府。县委、县苏维埃机关驻南扒村，县游击总队队部设新村温屋。县委同时将三县游击武装统一整编为五兴龙游击总队。从此，五兴龙县革命领导中心由兴龙边境的大塘肚转移到兴（宁）平（远）寻（乌）边境新村南扒。

2. 成立中共兴龙县委

龙川地处粤东北，毗邻赣南，是东江革命根据地五兴龙苏区的重要组成部分。由于革命斗争与形势发展的需要和交通不便等种种因素，自 1930 年 11 月中共闽粤赣特委成立后，五兴龙苏区曾隶属该特委领导。1931 年，闽粤赣苏区与赣西南苏区连成一片。赣西南"肃反"运动（尤其反"AB 团"）亦迅速地进入闽粤赣苏区。毗邻赣西南的五兴龙苏区在反"AB 团"运动中首当其冲。反"AB 团"运动使五兴龙根据地的革命斗争陷入困境。

但经受过艰苦复杂斗争的五兴龙苏区军民，在这内忧外患、极其艰苦的情况下，仍继续坚持革命斗争。1932 年春，苏区中央局派赣西南特派员古柏与蔡梅祥、李大添等一起，率赣南挺进队部分人员，深入川北的细坳、黄麻布一带，恢复和发展龙川苏区，以牵制广东军阀陈济棠配合蒋介石夹击中央苏区的行动。5月，赣南挺进队队长李大添，率队在上坪和寻乌篁乡开展游击武装活动。古柏派上坪青坑的4名游击队员从篁乡潜回家里，组织发动农民和地下游击队员70多人举行武装暴动，收缴地主枪械，占据坚固炮楼。此前，细坳黄麻布也组织了秘密农会，建立了地下赤卫队，还成立了黄麻布乡苏维埃政府。从而使龙川苏区军民知道红军、游击队又回来了。

为适应苏区革命斗争形势发展需要，1932年6月中共五兴龙县委、县苏维埃政府分别在兴宁黄陂的黄沙溪、新村宣布撤销，成立中共兴龙县委、县革命委员会，由蔡梅祥任县委书记和县革委会主席。同时积极恢复和健全原有的区乡红色政权组织，以新村苏区为中心，向兴宁的大坪、罗岗、大信各区，龙川的赤龙铁区、鹤市区、上贝浮区和平远的石正区等地纵深发展。中共兴龙县委、县革委成立后，蔡梅祥、罗义妹、梅贯华率领兴龙游击大队在新村根据地及南扒、石正一带开展游击武装斗争活动，如抓土豪、斗地主、打团防、攻敌炮楼、拆桥梁、剪电话线等，给敌人以沉重打击。

3. 成立中共兴龙寻安县委

1934年，兴龙苏区不断遭敌破坏，以致反"围剿"斗争失利，遂奉命向寻乌、安远一带转移。12月，中共赣南省委、江西省苏维埃政府（驻地江西于都县）决定，成立中共兴（宁）龙（川）寻（乌）安（远）县委和县革委会，县革委主席王孚善（兼）。县委、县革委率兴龙寻安挺进营，挺进兴寻边境阳天嶂建立游击根据地。孰料复遭邓龙江师包围，双方展开激战，挺进营损失惨重。兴龙县游击大队撤往兴宁时，大队长罗义妹等3人于兴宁朱坑兰塘井又遭该县警队围捕，被解往兴宁城后惨遭杀害。

六、闽粤赣边游击队伍的组建与发展

1929年3月成立五兴龙县苏维埃政府的同时，大塘肚根据地的东江游击队（队长张海）、赤龙铁区联队（队长吴子茂）和龙川游击大队（队长陈锦华）合编为统一领导和指挥的五兴龙游击大队，大队长罗柏松，政委潘火昌。下辖三个中队，每个中队设三个小队，小队以下另有小分队，但人员较少，有的仅三五人。为组建一支主力队伍，从各队精选的20多人组成红军独立连，彭城（五华人）为连长。他们中不少是南昌起义军大埔三河坝战役失利后留下的红军战士，战斗力强。6月，扩编为彭城独立营，罗屏汉任党代表。1930年2月底，根据中共东江特委指示，在兴宁大信石南村成立东江红军五十二团，由寻乌二十一纵队、五兴龙游击大队、兴宁红军第三营等组成，团长刘光夏，政委陈俊，参谋长邝才诚，政治部主任袁荣。7月，共产党员刘昌明在寻乌李大添部协助下，策反龙川上坪青化民团80多人枪，由刘必中率队起义。整编后，由刘昌明任队长，编入东江游击大队。青化民团起义后，五兴龙县苏维埃政府派刘华伍策反上坪茶活徐香苑民团，由钟其率队起义，编入东江游击大队。11 月 20 日，东江红十一军参谋长梁锡祐、中共东江特委委员刘琴西于寻乌留车圩将东江游击大队和寻乌、平远的游击队及彭城独立营，合编为红十一军独立营，计 500 余人，营长彭城，政委罗屏汉，政治部主任梅云香。游击武装的扩充和整编，为巩固五兴龙苏区起了重要作用。

此外，1929 年 8 月中旬，为解决苏区武装枪弹紧缺的问题，五兴龙县苏按照中共东江特委领导人古大存的指示，在大塘肚沥背底村油坊里，建起了 14 座铁炉的兵工厂，雇请了五华铁匠工人 40 多名，由古汉中兼任厂长，黄水泉主管具体工作。预计 40 天赶造单响长枪 100 支，翻造子弹一批。工厂开工不久被敌特探悉，为安全起见，被迫将设备转移到嶂下，旋又迁往兴宁大信朱畬尾，复迁兴寻边境的南扒村。

在扩充根据地革命武装的同时，为提高整编后的部队战士素质和实战能力，刘光夏、罗柏松等在大塘肚五兴龙游击大队总部，利用战斗空隙主持进行短期军事训练，日夕练习瞄准、格杀、突刺等。1929 年 10 月，县苏维埃政府接中共东江特委指示，将五兴龙游击大队、各区联队和各村部分赤卫常备队一起，开往兴宁、平远边界地的大信进行整顿。经整顿，队伍纯洁了，不少乡村都增设了常备赤卫队，以配合红军游击队开辟新区流动作战。1930 年 2 月，五兴龙县苏派罗屏汉帮助龙川上坪的梅坑、青化、龙湖、赤石渡等乡村建立农会和赤卫队。为提高赤卫队队员战斗力，青云村牛角陇下场窝建立了一个常备练兵场，分期分批负责训练各地的赤卫队。练兵工作持续两年之久，后遭国民党部队破坏而告终。

第二节　旗帜鲜明开展土地革命

一、大塘肚苏区土地改革

五兴龙苏区因其地理位置得天独厚，建立之后，中共东江特委采取多种措施做好其发展巩固工作，首要措施就是在苏区机关驻地大塘肚乡实行土地改革。

土地问题是农村革命根据地须解决的最主要问题。开展土地革命解决农民问题，既是广大农民的根本愿望，也是中共领导新民主主义革命的基本内容和中共中央 1927 年八七会议确立的总方针。土地革命就是消灭封建地主的土地所有制，实现"耕者有其田"。早在 1928 年 6 月 8 日，中共广东省委给中共东江特委的指示中指出："暴动各县区乡苏维埃，必须即速成立，且将土地速即分配于农民。"

根据中共六大通过的土地政纲和由毛泽东、朱德、古大存、陈魁亚、刘兴夏、朱子千、陈海云署名的《东江革命委员会关于公布执行土地政纲的布告（第 177 号）》，联系本区、乡的实际，五兴龙苏区研究、制定了"分配土地以原耕为基础，抽多补少，按户落实。统计人口，简用二级分配"的政策，于三县交界的革命根据地内开展打土豪、分浮财、废债约、抗租债的斗争，掀起减租减息、废契废债、分田分地的高潮。当五兴龙三县工农兵代表大会召开，成立了闽粤赣边五兴龙县苏维埃政府后，县苏维埃政府遵照中共广东省委和东江特委的指示，速即在县苏维埃机关驻地大塘肚乡率先进行土改分田试点工作，取得经验后在全区铺开。

1929 年 3 月，首先在大塘肚苏区进行分田分地。至秋后，五兴龙苏区红色区域内约 16 万人口、面积约 13 万亩的田地全面进行土改。其中，龙川的大塘肚村平均每人分田 7 分至 9 分（即 0.7 亩至 0.9 亩）。

大塘肚苏区实行土地改革时，还发出《大塘肚乡农会布告》（简称《布告》）。《布告》提出"打倒土豪分田地"的口号，没收地主阶级土地分配给无地或少地的贫苦农民耕种。分配土地时贯彻以原耕地为基础，抽多补少，以户按人分等的原则，13 岁以上的多分，13 岁以下的少分，发动群众自报公议，坑墩田及播秧地等适当调整。

仅一个月时间，大塘肚乡农民协会就完成了土改分田工作（仅限于分田地，没有评划阶级）。分得土地的农民在各自的田地里春耕。是年冬，因敌人对五兴龙苏区进行疯狂"围剿"，大塘肚根据地遭敌烧、杀、抢、掠，广大群众在游击队掩护下远避深山，以致晚造没有收成。随后，富豪返乡，农民分得的土地得而复失。

土改分田后，为保护农民既得利益，大塘肚乡农民协会特立一份《土改分田花名册》。其封面正中书"大塘肚乡农协会分田花名册"，左下方押上立册时间"己巳年夏历三月二日"（即 1929 年 4 月 11 日）。其扉页是毛笔书写的两行醒目大字"打倒土豪劣绅，把土地分给穷人"，并盖有批准监督机关的大方印，印信为"闽粤赣边五兴龙县苏维埃政府印"（正楷繁体字）；次页为《大塘肚乡农会布告》。

从第 3 页起，分列各户主之姓名、家庭人口（分开列出 13 岁以上及以下各多少人），分得土地数量及其所在地之土名等。分田农户 123 户，计 473 人，共计种子田 27 石 7 斗 1 升。每人分田（折合）7—9 分。该分田册共 27 页。

1929 年春，大塘肚苏区土改分田有条不紊地进行，与此同时，县苏维埃政府成立。大塘肚革命根据地是东江苏区内继海陆丰苏区和紫金苏区后，第三个实行土改分田的苏区。

二、培训苏区革命干部

1929 年 4 月，中共东江特委和五兴龙县苏维埃政府决定，分期分批轮训县区乡党政军各级干部。从 4 月起，县苏政府在大塘肚分别举办了各类训练班 4 期，培训三县党政军干部 200 多名。同时，还在兴宁的上下畲、嶂下和龙川回龙的园田坳背，举办过多次各类型的短期训练班。其中一次由刘光夏、潘火昌、罗柏松主持，集训赤卫队队长、游击小队队长以上的军事干部，受训人员 30 多名。训练科目为游击战术、军事操练、射击、刺杀和群运工作等。另有一次是由陈锦华、郑美主持的各区委干部集训班，有 20 多人参加。

1930 年 1 月，由中共东江特委巡视员刘琴西主持，在大塘肚举办由县苏维埃政府人员、区委、区联队、乡农协以上干部集训班。主要内容是总结县苏维埃政府成立以来，苏区工作的经验教训和如何开展白区工作。在训练班上，刘琴西十分关心和重视干部的思想作风建设，他提出县党政军人员要执行十条守则：（1）工作忙时细心些；（2）遇到问题冷静些；（3）了解问题全面些；（4）解决问题谨慎些；（5）碰到困难坚定些；（6）受到刺激忍耐些；（7）对待革命热情些；（8）处理矛盾灵活些；（9）个人事少干些；（10）别人事多做些。

1931 年 4 月，中央苏区第一方面军总前敌委员会秘书长古柏，专程前来五兴龙苏区视察与指导工作，为期 7 天。在此期间，五兴龙县苏区举办三县党政军主要干部学习班，有 30 多人参加。

1931 年 9 月，中共东江特委为提高各县党员骨干的政治军事水平，于八乡山举办党员学习班，五兴龙县苏派出三县党员骨干参加。龙川方面指派赤龙铁区委书记曾彪、联区赤卫队队长吴子茂（曾被誉为神枪手）参加学习。学习期间因遭敌人"围剿"，全体学员奋起反击。吴子茂英勇拼杀，在突围战斗中壮烈牺牲。

五兴龙苏区各级党政军事干部通过各种学习与培训，无论在政治思想、军事技能和党的纪律与工作作风等方面，都有了很大的提高，为巩固和发展五兴龙苏区起了重大作用。

三、巩固与发展五兴龙苏区

1.创建区乡苏维埃政权

五兴龙县苏维埃政府成立后，大塘肚苏区的乡村农会组织不断发展。减租减息、打土豪分田地、成立赤卫队，农民翻身做主人等，呈现出农村革命根据地新景象。受其鼓舞与影响，根据地内的其他乡村亦相继建立苏维埃政权与农会组织。龙母田北乡早在大革命时期就成立了农民协会，实行"二五减租"。由于群众基础好，1929年4月，骆达才在田心祠堂角主持召开150多人的群众大会，庄严宣布田心乡苏维埃政府成立，骆白三任乡苏维埃政府主席，乡苏维埃机关驻地在社前。7月，在赤龙铁区委书记曾彪主持下，新田良兴尾乡苏维埃政府成立，刁集珍任乡苏主席。9月，新田大岭乡苏维埃政府成立，主席傅元棠。乡苏维埃政府领导群众打土豪及抗租、抗债、抗税斗争，积极配合大塘肚苏区发展游击战争。在区、乡苏维埃政府领导下，茶活苏区开展清匪反霸斗争，实行土地革命，计口分田。与此同时，将革命势力迅速扩展到梅坑、渡田河、龙湖、龙田、阁前等村庄。

1930年7月，在上贝浮区委、区苏政府领导人张观佑、黄清鼎主持下，成立铁龙沙坪乡苏维埃政府，乡长黄正卿，副乡长徐瑞祥、刘石金。8月龙池乡农民协会成立，主席黄明近，副主席黄裕香、黄恒君。1931年2月，五兴龙县苏维埃政府派钟亚庆(兴宁人)到黄埔(第七乡)去指导苏区农运工作，成立了黄埔第七乡苏维埃政府，杨子杰任主席。在茶活苏区土地革命斗争高潮影响下，1932年春，阁前乡亦成立了苏维埃政权。与此同时，在赣南挺进队队长李大添等主持下，细坳黄麻布乡苏维埃政府成立，主席刘观文。至此，在建立农村革命根据地、创建苏区的革命浪潮中，龙川大地实现"一片红"。

2. 建立地下交通联络站

为了加强五兴龙苏区与中共东江特委、闽粤赣苏区和江西中央苏区的联系，县苏维埃政府着力做好建设红色地下交通站工作。五兴龙苏区内各根据地之间建立地下交通网站，共计大小交通网站五六十个，纵横近1000公里，使各根据地、游击区紧密联系起来。当时在电讯、交通极为落后的山区，建设好完善的地下交通网、线与站点，对快速传递情报、打击敌人、巩固与发展苏区作出重要贡献。

苏区内所有地下交通线（站）都以大塘肚革命根据地为中心，向各个地方延伸。其主要的交通线（站）有：（1）经园田、田北、谷前、洋塘通往五华乃至八乡山。（2）经四甲通往蓝口、河源、紫金。（3）经马布、分水坳、兰亭、龙田、径心通往梅县、大埔。（4）经颜畲、罗岗、新村、石正通往平远、寻乌。（5）经大岭、罗浮、三树溪、大信通往寻乌。（6）经良兴、河门潭、渡田河、茶活、青坑、仰天堂通往定南等地。龙川方面的地下交通总站负责人，先后有骆达才、郑美等。这些交通站的主要任务是：（1）掩护过境干部和战士，传送上下级间的指示、情报、情况、宣传品等。（2）给部队、党政机关运送钱粮、物资及购买军需品等。（3）密切配合当地党政机关或农会做好群众工作。

然而，在这白色恐怖下要完成这一地下交通任务，是一项极其艰险的工作。交通站常遭敌人破坏，地下交通员或被护送人员时有危险发生。如刘琴西就曾有两次因交通站的护送人员叛变将其击昏，而把银元抢走。其中之一，是1930年1月刘琴西来大塘肚下畲指导党员训练班。办班结束时，县苏维埃政府将筹集上交东江特委的200块银元交他带回。为安全起见，特派赤龙铁区联队队员骆某深夜护送。因骆某被敌利用且利欲熏心，见财忘义。当送至马布圩过河时，乘刘不备，将他击倒在地，劫走银元。所幸刘琴西只是被击昏，待苏醒后，刘琴西爬到园田苏区，由当地地下交通站长袁胜云将他护送脱离险境。不久，骆某被游击队抓获。虽然交通站常遭敌人破坏，但地下交通员巧用各种办法，不计个人安危与敌周旋开展斗争，确保了交通线畅通，完成传递情报信息和护送人员物资等各项任务。

3. 抗租抗税保障供给

五兴龙县苏维埃政府成立后，中共东江特委指示边区各区乡赤卫队应积极支持农会发动农民开展抗租抗税斗争。但五兴龙县苏区财政经济困难情况日益显露，原大塘肚根据地的财政管理由乡农会包揽，那时脱产人员和赤卫队人数不多，从"二五减租"中抽出一部分已足够开支。县苏维埃政府成立后，机关人员大增，武装队伍扩编为五兴龙游击大队，既要支付五兴龙苏区机关和武装人员的粮食和经费开销，又要筹措大笔经费支援八乡山的东江特委机关与中央苏区的反"围剿"战斗，还要给自身购置武器弹药筹集资金等，给整个苏区带来很大的经济压力。

根据省委给东江特委的指示精神，五兴龙县苏采用派劝捐款、设立税站、办合作商店、反贪节约、文化宣传教育、培训县区乡党政军各级干部、扩充和整编游击武装等措施，使五兴龙苏区不断巩固发展和壮大。至 1930 年年底，苏区范围比刚成立时几乎扩大一倍。尤其兴宁、龙川两县北部山区之罗浮、罗岗、黄陂、大坪、上坪、茶活、青云、青化、贝岭、麻布岗、黄埔、细坳等广大地区，都成为五兴龙苏区的主要根据地和游击区，使五兴龙苏区与中央苏区的赣南、闽西根据地连成一片。

四、支援中央苏区建设

土地革命时期，龙川是以瑞金为中心的中央苏区的游击区，是东江革命根据地到中央苏区的必经之地，是连接两根据地之间的一座桥梁，地理位置十分重要。龙川苏区的建立、发展与巩固直接关联着中央苏区的发展，极具重要的战略意义。由此，五兴龙苏区在其成长、壮大过程中，除自我巩固与发展外，还积极支援中央苏区建设，为中央苏区的发展作出了不少贡献。

1. 为中央苏区腹地输送紧缺军需物资

龙川苏区党政组织充分利用了粤赣边区山林茂密、国民党当局鞭长莫及的地域特点和水路交通便捷的优越性，秘密建立了多条交通线，并以开设店铺为掩护，收购各种中央苏区急需的军用品和日用品，秘密运往中央苏区腹地。例如，曾在龙川通往五华、兴宁的道口阿顶、江西与广东两省相连的江广亭、龙川回龙园田接官亭设立交通站；在兴宁、龙川交界的渡田河、赤石渡等地开办合作商店，与粤赣边区人民群众进行以物换物的交易，将江西赣南的大米、黄豆、钨砂、烟叶、茶叶等物品，通过渡田河合作商店，交换从兴梅地区运来的食盐、煤油、衣料、药品等紧缺物资；在县城和东江重镇贝岭等物资集散地建立据点，大量贩运食盐、日用品等军需物资。如在运送食盐方面，据统计，在中央苏区反"围剿"期间，龙川贝岭几乎每天都有百十石食盐分四路从细坳、和平等处运往赣南，为中央苏区运送食盐不下3000吨，呈现出"十万挑夫上赣南"的动人场景。

2.给中央苏区主力红军提供兵源支持

东江革命根据地是人民武装斗争开展较为活跃的地区。根据地游击武装经常配合主力红军作战，出色完成巩固苏区的任务。五兴龙苏区与其他东江革命根据地一样，成了中央红军主力部队兵源补充的重要来源。一方面，将五兴龙根据地的游击武装整编进红军队伍，如1930年11月，由中共西北分委负责人刘琴西主持，将寻乌、平远、龙川、兴宁的部分游击队、赤卫队合编，成立东江红军第十一军独立营，营长彭城、政委罗屏汉。由初时三个连，200多人，发展为四个连，约500人。另一方面，是龙川苏区的革命群众在往赣南苏区运送物资、传送情报等活动中自觉加入红军队伍。据不完全统计，在主力红军长征前，龙川共有60

多名革命群众自觉参加红军，其中贝岭镇的李同军、田心镇的黄益和被选为毛泽东的随身工作人员，陪同其走完长征路抵达陕北。

3. 为中央苏区培养和输送优秀革命干部

五兴龙苏区血与火的斗争实践，也培养和造就了一大批优秀的党政军领导、骨干，并为中央苏区输送了一批优秀干部。据统计，在五兴龙苏区调入中央苏区任职的干部中，担任县团职党政军以上职务的就有 12 人。如中共兴宁县委原书记罗屏汉，1931年春调入中央革命根据地后，先后担任寻乌独立团政委、中共会昌中心县委书记（接替邓小平同志职务）、中共粤赣省委候补执委、粤赣边军政委员会主席等职。

4. 牵制敌人兵力减轻中央苏区军事压力

在蒋介石对中央苏区腹地发动"围剿"期间，为了牵制广东军阀北上配合蒋介石"围剿"中央苏区，五兴龙苏区在中共赣西南特委的领导下，于龙川、兴宁边界恢复根据地、健全区乡政权组织，开展打土豪、散发传单等活动，组织人员切断敌人交通要道，烧毁了通往中央苏区腹地的渔子渡、三多齐、合水等多座大桥，阻挠国民党广东军阀"南天王"陈济棠的兵团北上。同时，英勇开展灵活机动的游击战斗，以牵制国民党军阀和地方民团。如 1932 年 8 月，上坪茶活苏区反"七县大会剿"战斗，便牵制了陈济棠一个团以及五、兴、龙、蕉、平、寻、和等县的反动武装 5000 多兵力。茶活战斗中，有 18 位赤卫队员与敌作战三昼夜，最后弹尽粮绝，葬身火海，谱写了一曲可歌可泣的英勇献身于革命事业的悲壮凯歌。

第三节　英勇顽强坚持武装斗争

一、组织霍山反"围剿"战斗

霍山地处龙川中部，铁场、田心属之。1928年3月，五华、兴宁、龙川年关暴动失利的中共革命力量在霍山走到了一起。4月3日，国民党龙川当局纠集五兴龙三县地方武装1000多人"会剿"霍山。三县革命领导人成立中共五兴龙县临时工作委员会（简称五兴龙县临委），统一领导与指挥霍山反"围剿"的武装斗争。

是日，五华、兴宁、龙川国民党县警队、地方民团及当地驻军气势汹汹联合"会剿"霍山，第十二团团长刘光夏临危受命，负责统一指挥作战。那时退守霍山的工农军加起来也只有200多人，而敌数倍于工农军且装备精良。战地会议具体部署了突围方案。夜幕降临，一支尖刀小分队从太乙岩出发，迅猛地往东北方的船头石下突进。霍山属地方民团防务，武装力量较薄弱，小分队很快就把这股民团武装吃掉，并把抓获的俘虏放回，为工农军做义务宣传员。然后，工农军又向北佯攻以调虎离山。敌军营长探知刘光夏向北撤退，立即率全营官兵向北追击，当追至唱歌径附近，突遭固守太乙岩的第十二团第一中队分队长罗肇庆、潘火昌率领的工农军猛烈狙击。敌人为攻破唱歌径这一突破口，倾全营兵力死磕，彼此僵持不下。值此危急关头，骆达才率东江游击队、骆岐约农会主席骆均光率龙川农民军独立小队一起，从北面的田心方向疾驰赶来增援。激烈战斗一直持续到第二天晌午，分队长罗肇庆和刘道灵等30多人壮烈牺牲，在他们坚守阵地的前沿亦留下100多具敌人尸体。

太乙岩狙击战打响时，工农军主力依照县临委部署的作战方案，从太乙岩西南侧经一线天，沿船头石爬攀石栈，辗转迂回到南面高地。这里原是敌官军主力的驻防地，今却显得防务空虚，敌稍事抵抗后败退。工农军乘虚迅猛突围后，急促撤退，速驰洋贝龙湖、桥头村。撤退时，第十二团第一大队第一中队的官兵花名册和部分枪支弹药均在战斗中丢失，途中又遭敌被捕，数人遇难。除一些重伤员留在当地农户家中掩蔽养伤外，余均于午夜时分抵达兴宁筠竹乡掌鸭塘村。工农军领导刘光夏、蓝胜青等，在第十二团政治处主任、宣传队队长曾不凡家中，召开县临委紧急会议，认真分析了当前严峻形势，认为是犯了"军事投机主义错误"。为保存力量，创造新的革命高潮，决定暂时解散队伍，隐藏长枪，持短枪秘密集中活动。会后，蓝胜青率队转移到兴宁梅子坑活动，刘光夏率队转移到九龙嶂，陈锦华、叶卓、罗屏汉等转移到大坪一带开展土地革命和武装斗争。

二、大塘肚苏区武装斗争

五兴龙苏区革命根据地的创立，像一把尖刀插入粤赣边区国民党政权的心脏，给敌人以致命打击。1929 年 6 月至 1930 年冬，敌人对五兴龙县苏维埃机关驻地龙川大塘肚进行反复"围剿"，妄图扼杀新生的苏维埃政权。但大塘肚苏区军民在县游击大队统一指挥下，拿起土枪土炮、刀戟剑矛，男女老少齐上阵，开展反"围剿"斗争，不断打退装备精良的敌人的窜犯。在一年多时间里，大塘肚根据地共经历大小战斗 24 次，其中遭上千敌人进犯的有 5 次。

1929 年 6 月，国民党龙川县警大队队长蔡雷鸣，纠集赤岗区、龙母区和罗口乡民团，与县警大队一起 400 多人"围剿"大塘肚苏区。县区游击队、乡村赤卫队 300 余人，在县游击大队队长罗柏松、区联队队长郑强和吴子茂指挥下，并广大妇女、儿童的呐喊助威下，分兵抢占了水口的两座山头，阻击敌人进村，与敌激战五天五夜。终因武器装备差、弹药缺乏等，也为保存实力，游击队被迫撤离战斗，掩护群众撤进深山密林中隐蔽。

当敌人将进村时，赤龙铁联区财政员袁英才，想起尚有 300 多块银元放在联区驻地。联区宣传委员吴联芳与袁英才一起，急速返驻地取回银元。其时已是大敌当前，两人英勇拼杀突出重围。在游击队的掩护下，他们向驻地前进，冲上山坡时又遭敌人包围。激战中，吴联芳、袁英才和赤卫队队员钟大伦、钟大凌均壮烈牺牲。

这次战斗还被烧房屋 8 座，被抢耕牛 16 头、财物一大批。然而，苏区军民遭此大劫，毫不气馁。当敌人退走后，县大队、区联队、赤卫队及乡村农协会领导，立即组织军民扑灭焰火，清理灰烬，派人上山砍竹木，修理房舍或搭临时草房安置群众。

1929 年 9 月，根据中共东江特委指示，五兴龙县苏维埃政府指令彭城独立营，县区游击队和赤卫队 800 多人，在中央苏区红军配合下，分三路攻打兴宁罗岗反革命武装陈尧古团防。中路由罗屏汉、彭城率队从大信出发前往罗岗圩；右路由五兴龙游击大队队长罗柏松率队，会同赤龙铁区联队队长郑强率领的大塘肚、横江、桥背、上下畬等村赤卫队，从潘洞、颜畬出发进攻罗岗；左路由蔡梅祥、刘傅文率队从南边挺进。

战斗打响后，罗柏松指挥游击队进击。当前锋冲至齐公径时，遭敌伏击。战斗中钟展云、钟声发、钟兆洪数人英勇牺牲。突进罗岗后，敌驻罗岗陈尧古团防 200 多人踞守碉堡，负隅顽抗。游击队缺乏攻坚武器，暂在外围伺机进击。由于中路、左路两队分别在罗岗白水寨、镰子寨受敌阻击，无法按时赶到与罗柏松队汇合作战，以致右路孤立无援，只好撤出碉楼包围圈，返回大塘肚，造成进军失利。为提高部队素质和战斗力，不久，五兴龙游击大队、区联队和部分常备赤卫队奉命到大信集中整训。

1929 年 12 月，罗口乡吴祖韩民团，探悉五兴龙游击大队、区联队和赤卫队开往大信整训，便纠集赤岗、新田、龙母等地警团 200 多人，乘后方空虚，突袭五兴龙县苏维埃驻地。敌人所到之处，烧杀抢掠，广大群众在赤卫队掩护下避走深山。敌人撤退后，时值年关将至，中共东江特委指派叶卓组织十多人的工作组深入到深山老林慰问群众，并动员他们下山组织互助组、变工队，通力协作重建家园。由于大塘肚根据地遭敌严重破坏，县苏维埃机关驻地被迫迁移到园田禾场背村。

1930 年 4 月，龙母、赤岗地方警团 200 余人突然包围龙川县委和五兴龙县苏机关驻地园田禾场背。留守机关的县委妇联主任蓝素娥被敌发现，被认定是共产党员。蓝素娥没承认，她急中生智，大声地说："我是刚过门的'新媳妇'。"但敌人没有相信，决计要将她带走。正准备拉她走时，户主邹三妹气势汹汹冲过来，故意大声骂道："什么东西！天光白日你们都敢来调戏我家'新媳妇'！"敌人看此情形信以为真，只好将蓝素娥放开。因而县委、县苏维埃机关免遭破坏。但由于这次在"围剿"县委、县苏维埃机关没捞到"油水"，反倒被辱骂一顿，敌人没有善罢甘休，一计不成又生一计。

同年 5 月，龙川县警小队长黄某率队突然闯进大塘肚苏区，强迫全村群众赶到大塘面集中，胁迫群众指控人群中哪个是共产党员、游击队员、苏区干部。在黄某胁迫及威逼利诱下，人群中的个别人动摇了。如游击队队员刁某动摇投敌，当场站出来指供团县委书记吴子廉和游击队队员钟兆华等 4 人，4 人不幸均遭敌杀害。

同年 7 月，龙川县委组织部部长叶卓按中共东江特委指示，从兴宁大信回龙川，前往鹤市登云苏区、游击区检查指导工作。途径田北乡苏区时，夜歇骆达才家。孰料被龙母民团所探悉，叶卓被捕，押解至县城后遭杀害。

同年10月，县苏政府为开发新区、发展游击战争而出现经济给养困难，因此开展各种扩大经济收入的举措，得到大塘肚军民全力支持，以渡过难关。县苏组织短枪队到外地去，分别将龙母甘陂恶霸邹某、罗岗大地主袁某、新田土顽刁某等抓获，关在山寮里，要其交钱交枪。因看守人员一时疏忽，3人逃跑了，并旋即向龙川县府报信。龙川当局指令县警大队队长蔡雷鸣纠集兴宁、五华、平远、和平等县1800多人，分三路"进剿"大塘肚，实行"五县大会剿"。红军、游击队掩护群众撤进深山密林。敌人进村后无恶不作，枪杀病妇1人，烧毁房屋34座，抢走牛、猪200多头，所有财物洗劫一空。其时因阴雨绵绵，柴草淋湿，烧屋时火势并不猛烈。民团小队长骆某喝令士兵扛来风车，鼓风助火烧屋，三日不灭。经这次洗劫，十室九空，五兴龙县苏维埃机关驻地被迫于同年年底迁兴宁新村南扒等地。

三、茶活苏区反"七县会剿"战斗

1932年8月，广东军阀陈济棠派出一个主力团，会同龙川、兴宁、五华、平远、寻乌、定南、和平县警武装5000多人，配以火炮多门，疯狂"围剿"龙川上坪茶活苏区，实行所谓"七县大会剿"。

　　上贝浮苏区区长黄清鼎和铁龙沙坪乡苏主席黄正卿，率苏区军民英勇顽强与敌战斗。他们一面命令游击分队长钟其率队掩护群众撤到围心寨、企壁寨的山上隐蔽，一面率领 33 名区乡干部与游击队、赤卫队及部分群众一起，坚守徐屋、刘屋的独脚炮楼。敌人分批发起数次冲锋，被击退后，便从两侧架起火炮攻打炮楼，以致炮楼被轰开两个大窟窿。游击队用钉上湿棉胎的大门板迅速堵上。20 多个敌人又逼近楼下，企图破墙而入。赤卫队从楼上丢下点着导火线的火药包，敌人狼狈退却。激烈战斗坚持了一天。

　　第二天，倾盆大雨，山洪暴发，炮楼漏雨。战士衣衫湿透，火药被雨淋湿且子弹剩下不多。第三天，雨停了，敌人又开始向炮楼轰击。这时楼快崩塌了，黄正卿动员群众先出去，但谁也不愿离开。区长黄清鼎命令兴龙游击队队员钟宝才（本地人，熟悉情况）带领群众撤离炮楼。敌人看到十多个群众撤离炮楼，以为游击队投降了，便也停止了攻击。楼内剩下区乡干部和游击赤卫队员共 18 人。他们把平日点灯照明用的煤油和松脂油，泼洒在楼板、棉胎、衣物、柴草和每个人身上，打出最后几发子弹击毙三个敌人后，将火把点燃。顿时，整个炮楼烈焰熊熊，火势冲天。18 名为捍卫苏维埃政权而英勇奋战的英雄们，在烈火中壮烈牺牲。

四、中央留守红军龙川反"围剿"战斗

中央苏区红军长征后，中共中央仍十分关心重视毗邻中央苏区的兴龙革命根据地的斗争。如 1935 年 2 月 13 日，中共中央给中央分局的指示信中说，"上犹、崇义、南山、北山、兴龙、饶和埔等处要加派精干部队及好的领导去"开展游击武装斗争。党中央的指示给兴龙苏区的革命斗争以极大的鼓舞，留守苏区的革命武装队伍与敌人开展殊死搏斗。

1. 冷水坑战斗

1934 年 8 月 11 日，中共兴龙县委委员曹进洪、邹高景在锦归冷水坑山上召集游击队队员研究对付敌人穷追"围剿"的紧急会议。国民党军营长吕炽亲率该营兵力及五华、龙川县警 500 余人，将冷水坑里外层层包围，并将男女老幼村民一概关闭在张氏宗祠里，以防群众进山给游击队报信。而后，敌人纵火烧山。由于山高林密，又正值八月秋高物燥，火势凶猛，山头顿成火海。双方激战约两小时，终因敌众我寡且我方没有增援，曹进洪等只好率队强行突围。游击队冲出到下沙湾处，被悬崖绝壁所阻，唯有背水一战。激战中，曹进洪及叶林祥等 4 名游击队员壮烈牺牲。邹高景（负重伤）及叶荣章等 4 名游击队员被俘。被敌人押解回冷水坑大坟墩后，他们大义凛然，坚强不屈，均遭杀害。

2. 楠水坑战斗

兴龙游击大队大队长古汉中获悉冷水坑失事后，于 1934 年 8 月 17 日率十多名驳壳枪队员，到登云洋塘楠水坑邓仁周屋里掩蔽。由于间谍告密,17日下午,古汉中遭驻守登云东山的吕炽营和地方武装500余人包围。因邓屋有坚固楼阁做掩护,敌专以火炮轰击,激战半天。游击队弹尽援绝,既冲不出重围,又不愿被敌生俘。除叶何章受命隐蔽,以向县委汇报情况(但仍被敌抓去,后与邓仁周一起在蓝关岭排被杀害),古汉中等全体队员饮弹壮烈牺牲。战斗结束后,敌人逼着村民将古汉中、邓仁标、邓仕彬、叶贵周、叶伯华、叶赞等人的遗体,抬到登云新街草坪上"示众",然后抛尸鹤市河,漂流韩江。

3. 鸳鸯坑战斗

1935年春夏间,留守中央苏区坚持斗争的古柏,率小股部队从安远来到龙川上坪青化村鸳鸯坑土纸厂,召集龙川、寻乌边境的20多名苏区干部开会,传达上级指示精神(一说是传达遵义会议精神),并设法与东江地区的古大存取得联系,开展游击武装斗争。其间,该村地下交通员王应湖叛变,向乡长兼自卫总队队长王敬卿告密,旋即串通驻上坪的国民党县警中队队长黄居成,当晚纠合100多名县警和自卫队员,包围了鸳鸯坑土纸厂。在仓促应战中,为掩护其他人员突围,古柏等3人中弹牺牲,余皆冲出重围。

4. 径口战斗

1935年6月,留守中央苏区的罗屏汉率一支游击武装从寻乌丹竹楼转战到龙川田心径口村,一路遭敌阻击围攻,损失很大。径口村距罗屏汉家乡大坪白云村仅数千米,罗曾在这里开展过多次革命活动,有较好的群众基础。为安全起见,6月8日,兴龙游击队驳壳队副大队长黄赤古与罗亚彬两人先到老堡垒户、地下党员曾火生家接头，约定第二天罗屏汉等率队到径口村活动。岂料曾火生此时对革命前途失去信心，叛变投敌。遂串通敌后备队队长曾开清、副队长曾观生等，先把黄赤古、罗亚彬等 3 人诱杀后，再分头勾结敌人驻大东坑、园田、大坪、兰塘井等处团队四五百人，分三路包围径口。大敌当前，罗屏汉率曾思古、袁胜云、曾玉莲（女）等十多人冲出重围，与敌展开激烈战斗。因敌众我寡，激战中已牺牲和失散的队员近 10 人。罗屏汉负重伤，与警卫员潘秉星退至大坪洛洞村小水沥隐蔽，最后退到猴形屋背山排上的白坟墓地里，已无法走动，弹尽援绝，壮烈牺牲。

5. 上坪枫树园战斗

中央主力红军长征后，寻南挺进队队长和第一支队队长李大添率部分游击队员，转战于定南、安远、龙川、兴宁、平远和寻乌南部地区，坚持游击战争。1935 年 8 月，李大添率 80 余人，从赣南转战到上坪枫树园，被陈济棠一个团的兵力包围，李大添率部英勇冲击搏杀，在消灭大批敌军后，终因敌我力量悬殊，寡不敌众，粮弹不足，全部壮烈牺牲。李大添只剩下一粒子弹时，他大义凛然，饮弹就义，时年 27 岁。至此，兴龙革命根据地几乎全部陷入敌手，龙川各地革命斗争陷入低潮。

在土地革命战争时期，龙川历经长达 8 年的浴血奋战，虽未取得彻底胜利，但仍具有重要的历史意义。一是发动鹤市武装暴动，进行了武装夺取国民党政权的尝试。二是成立龙川县苏维埃政府、闽粤赣边五兴龙县苏维埃政府及其所属（龙川境内）区乡苏维埃政府，在县苏机关驻地实行土地改革，按人分等计口分田，苏区人民真正当家做主人。三是成立了由龙川党组织领导的东江工农革命军及五兴龙县委领导的五兴龙县游击总队（大队），这些代表工农利益的人民军队，为巩固苏区和保卫苏区安全起了重大作用。这支队伍的部分人员还被整编为中国工农红军第十一军（其中部分人员经整编后，加入红军队伍，而田心的黄益和、贝岭的李童军还随红一方面军长征抵达陕北）。四是建立了以大塘肚和鹤市地区为中心的游击根据地，实行武装割据，进行顽强的反"围剿"斗争，给国民党当局以沉重打击，有力地支援了江西中央苏区的反"围剿"斗争。五是龙川成为五兴龙苏区乃至东江革命根据地的重要组成部分，又是江西中央苏区的游击区，为中央苏区的建立、发展作出了积极的贡献。

第三章
在抗日斗争烽火中发展壮大

在大规模的十四年抗战中，龙川党组织经历了重建和"粤北事件"后停止组织活动的艰难曲折历程和复杂斗争的考验，成为龙川抗日救亡运动的领导核心。至抗战胜利时，党员人数发展到320多人，在龙川县境内成立了县委、中心县委、中共东江后方特别委员会（简称后东特委），建立了东江华侨回乡服务团（简称东团）龙川分团、龙川青年抗日先锋队（简称龙川"抗先"队）、妇女促进会等各公开合法的群团组织。龙川"抗先"队和东团龙川分团、中山大学战地服务团等，在县内大力开展抗日宣传救亡活动，唤醒了民众，坚定了民众对抗日战争必胜的信心，成为掀起全县抗日救亡运动高潮的主力军，为龙川党组织的发展和开展抗日救亡运动打下牢固基础。龙川党组织还积极支持和配合东江人民抗日武装自卫总队（隶属东江纵队）开展对敌斗争，为广东人民抗日游击队（后经党中央指示，改称为广东人民抗日游击队东江纵队）输送了一批干部和兵员。在抗日战争中发展起来的龙川党组织，成为解放战争时期恢复武装斗争、建立游击根据地的坚强力量。

第一节　龙川县党组织的重建与发展

一、全民族抗战后的形势

1937年七七事变拉开了中华民族全面抗战序幕。7月8日，中共中央立即发布《中国共产党为日军进攻卢沟桥通电》，号召"全中国同胞，政府与军队，团结起来，筑成民族统一战线的坚固长城，抵抗日寇的侵掠！国共两党亲密合作抵抗日寇的新进攻"。在全国人民要求团结抗战的巨大压力下，国民党中央于9月22日由其中央通讯社发布《中共中央为公布国共合作宣言》。23日，将介石发表承认中国共产党合法地位和两党合作抗日的讲话，宣告了国共两党在共同抗日基础上，第二次国共合作建立。1938年10月12日，日军南支那派遣军7万人在飞机大炮配合下，于广东惠阳县大亚湾登陆，揭开广东全面抗战序幕。21日，广州沦陷。此后，日本飞机时常空袭龙川大地，轰炸广州至粤东公路干线咽喉龙川东江大桥（今佗城大江桥），致大桥被炸断成三段；炸毁广东老隆师范学校教学大楼的两座侧楼；对老隆街衢投放燃烧弹，致鱼行街、横街、谷行街等烧炸成一片瓦砾废墟；县城三台书院、附城禾墩头、通衢牛屎坳、登云等地被炸废数十座民房，数百民众死伤。

二、重建中共龙川地方组织

1934年9月，中共香港工委遭破坏。而后，广东党组织已基本停止活动。一年后，随着一二·九运动的开展，在抗日救亡新高潮节节高涨的形势下，省港地区共产党员的活动日益活跃，以青年学生为主体的各种抗日救亡团体不断涌现，为广东党组织的恢复和重建奠定了基础。1938年4月，根据中共中央长江局的指示，撤销南方工委，成立中共广东省委。之后，中共广东省委认真贯彻中共中央《关于大量发展党的决议》精神，派出巡视员到东江、北江、南路等地，帮助建立和发展党组织。中共龙川县组织就是在这一大好形势下重建起来的。

1937年4月，中共领导下的广州市学生抗日救国联合会（简称"地下学联"）的骨干分子魏南金，因病离校回家乡龙川休养身体，借机在家乡以读书会等形式继续开展抗日救国宣传活动。读书会的活动为建立中共组织打下了良好的基础，起了建立党组织前准备工作的作用。

1938年3月，中共广东省委派刚从延安学习回来的麦文（又名麦刚、麦任）到龙川负责重建党组织。麦文在龙川进步人士黄用舒的帮助下，秘密从事建立党组织筹备工作，并首先发展黄慈宽为党员。黄慈宽成为自1935年中共龙川党组织停止活动后，重建党的第一个党员。之后，麦文又发展余进文、刘春乾入党。至同年6月在莲塘小学成立了中共龙川县支部，书记麦文，这是重建龙川党组织后的第一个党支部。

龙川支部成立后，为物色、培养、发展新党员，努力发展和壮大地方党组织，麦文以老隆民众抗敌后援会名义，在老隆小学举办短期游击战术训练班，又吸收刘波（刘斐成）加入了党组织。与此同时，经黄用舒介绍，麦文又认识了在龙川县城"和平县杉业工会"当理事的罗响（和平人）。经会面谈心，麦文认为罗响可作党员发展对象。7月，麦文与罗响一起前往和平县热水小学，见到罗响朋友——该校教员张觉青。经接触交谈，罗、张两人对入党要求很迫切，于是，麦文在和平县热水吸收罗响、张觉青两人加入共产党。

龙川、和平初步建立起党组织后，麦文回广州向中共广东省委汇报龙川建党工作情况。省委书记张文彬肯定了麦文在龙川、和平的建党工作，并批准了黄慈宽等一批新发展的党员。按照省委指示，8月麦文回龙川，率黄慈宽、罗响等新党员到广州，参加省委主办的学习班学习，为迅速发展壮大党的地方组织打下良好基础。

三、龙川党组织的发展

1. 建立龙川中心支部

1938 年 8 月，黄慈宽参加中共广东省委学习班回龙川后，向支部党员传达省委关于积极发展党员的指示，决定着手筹建青年抗日先锋队，培训抗日救亡干部。支部党员在开展抗日宣传活动中，通过与知心朋友或同学的谈心活动，积极培养建党对象，做好党员发展工作。9月，黄慈宽、余进文前往龙母地区开展建党工作，吸收魏南金等人入党；在龙川县城、老隆地区，由刘春乾主持举办游击训练班，余进文任教官。训练班结束后，10月17日，黄慈宽、刘春乾、余进文、刘波、张民宪、黄太常、杨观林、方云生8名共产党员，在老隆水贝龙台寺召开会议，改选支委，成立龙川中心支部（含和平）。经选举，黄慈宽任书记，余进文任组织委员，刘春乾任宣传委员。会上一致通过决议：大力发展党组织，建立和发展抗日民族统一战线。此时，龙川的党员人数已迅速增加，先后成立了三个党支部：一区党支部，书记刘春乾（兼）；莲塘党支部，书记黄慈宽（兼）；永和党支部，书记魏南金。

2. 成立中共龙川县委

1938年10月21日，日军占领广州，中共广东省委机关迁往粤北。龙川中心支部一度与省委联系中断。为加强对龙川地方党的领导，广东省委派李健行（罗健行）、张凤楼，随同国民党东江游击指挥部老隆命令传达所所长张文抵达老隆。11月下旬，中共广东省委宣传部部长饶彰风抵老隆，传达省委指示，成立全县性的党的领导组织，先成立龙川县临时工作委员会。黄慈宽任县临工委书记，李健行为组织部部长，张凤楼任宣传部部长。中共县临工委的成立，是龙川重建党后第一个全县性的党的领导机构。

中共龙川县临工委成立后，通过龙川县民众抗敌后援会，广泛开展抗日救亡运动。12月下旬，中共广东省委常委、军委书记尹林平抵老隆，在莲塘小学召开县临工委会议，传达中共广东省委指示，将县临工委改为县委，正式成立了中共龙川县委。县委书记李健行，组织部部长黄慈宽，宣传部部长张凤楼。尹林平强调，县委成立后，要放手发展党组织，认真贯彻执行中共中央关于大量发展党员的决议，完成中共中央长江局要求广东党组织发展五倍党员的任务。同时，应密切注视龙川统一战线工作趋势，尤其要做好张文的统战工作。

3. 召开龙川县党代会

1939 年 2 月 24 日，龙川县重建党后第一次党员代表会（简称县党代会）在莲塘乡读书坝余进文家召开。参加会议的有全县各地各界党员代表：黄慈宽、张凤楼、魏南金、刘汝琛、张克明、刘春乾、余进文、魏则鸣、方云生、杨观林。会议改选县委。由李健行提出候选人名单，经酝酿，以举手表决方式选出黄慈宽、张凤楼、魏南金、刘汝琛、张克明、刘春乾、余进文为县委委员；黄慈宽、张凤楼、魏南金为常委。具体工作分工是，书记黄慈宽，组织部部长张凤楼，宣传部部长魏南金，青运部部长刘汝琛，统战部部长张克明。会议同时决定成立三个区委：老隆区委，书记刘春乾（后叶春）；龙母区委，书记魏则鸣（后郑重文）；鹤市区委，书记方云生（后罗国青）。会议还作出三个决定：（1）加强党对抗日群众团体组织的领导。（2）举办党员训练班提高党员素质。学习党章，加强党的纪律教育，尤其加强中共地下党有关秘密工作守则的教育。（3）积极发展党组织，注重发展符合条件的农民党员，尤其对现仍无党员的空白地区要积极发展党组织。会后，与会代表回到各地，认真贯彻县党代会精神和县委的决定，从此，龙川党组织迅速发展壮大起来。同年 4 月，黎咀区委成立，书记骆仰文（后方定）。自县党代会后，李健行奉命调离龙川。

4. 成立龙川中心县委

1939 年 7 月，中共东江特委为加强东江上游各县党的工作，决定撤销中共龙川县委，并于老隆水贝莲塘小学成立以龙川县为基地的中共龙川中心县委，辖龙川、和平、五华三县党组织。中共龙川中心县委成立后，撤销中共龙川县委，县内各区委直属中心县委领导。1940 年 9 月，为适应东江地区革命斗争形势发展需要，在中共东江特委指导下，中共龙川中心县委扩大了直辖区域，包括龙川、和平、河源、紫金、五华县委和新丰、连平县工委。中心县委机关分设老隆（叶惠南、余进文家）和龙母永和圩。此时中心县委书记为张直心（兴宁人），组织部部长蓝训才，宣传部部长饶璜湘，青运部部长李汉兴，妇女部部长陈婉聪。时值国民党顽固派发动第二次反共高潮之际，中心县委按照东江特委指示，在老隆和永和等地，由蓝训才和张直心、饶璜湘主持，分别举办各种类型的训练班，进行反复认真的学习，对党员、干部进行党的理论、信念、纪律、保密工作和革命气节教育，以提高他们的政治思想觉悟和工作能力。中共龙川中心县委扩大辖区范围后，随即恢复中共龙川县委。在县委领导下，大部分党员都以教师职业或学生身份做掩护，开展各种抗日救亡运动。

四、中共东江后方特别委员会在龙川

1940年12月，中共粤北省委成立，决定撤销中共东江特委，并派中共西江特委副书记兼宣传部部长梁威林到龙川，组建后东特委。

1941年2月，梁威林抵达老隆。在梁威林主持下，于老隆水贝黄氏大宗祠对面的一间合面屋里成立了中共后东特委，书记梁威林，组织部部长张直心，宣传部部长饶璜湘，青运部部长李汉兴，妇委书记徐英，组织干事钟俊贤。机关驻地红庙、黄氏大宗祠，后迁老隆铁场坑刘屋。与此同时，蓝训才调任中共粤北省委驻老隆地下交通联络站站长，以水贝黄氏大宗祠内开办的"星光染织厂"经理身份，与中共后东特委领导一起开展革命活动。中共后东特委成立后，撤销中共龙川中心县委。中共后东特委辖龙川、五华、和平、河源、紫金、新丰县委及连平县工委，党员1100多人（后整顿为800多人）。后来，随着党组织的发展，中共后东特委的辖地还发展到兴宁、惠阳、揭阳等边境地带。

中共后东特委在龙川坚持革命斗争活动长达数年之久，历经艰难曲折的斗争历程。在中共后东特委指导下，龙川党组织全面贯彻执行中共抗日民族统一战线方针政策，完成营送从香港转来的文化精英和爱国民主人士经老隆到韶关的艰巨任务；蓬勃开展学校青年学生抗日救亡运动；抗日战争后期，还依据特委指示精神，率先在龙川南部地区恢复了部分党组织活动和开展了局部地区的武装斗争；发展壮大龙川党组织，培养大批革命干部，使之成长为解放战争时期开展游击武装斗争的骨干力量；创办《星火报》，宣传中共抗日救亡主张。

第二节　广泛开展抗日救亡活动

一、成立龙川各种抗日救亡组织

1938 年 10 月，日本侵略军进犯华南地区，相继占领惠州、广州后，步步进逼东江上游，战火很快蔓延到龙川。日本飞机先后轰炸了龙川大江桥、老隆师范学校和老隆街衢等地。国难当头，龙川各界尤其广大爱国青年，纷纷组织起来，开展抗日救亡运动。在老隆还掀起了"有钱出钱，有力出力，一致抗日"的民众抗日运动高潮，成立了不少抗日救亡机构与团体，如县城有官方的龙川县抗敌后援会、龙川县民众抗日战时动员委员会及其政工队、龙川抗日自卫团等，各区署亦有相应的机构。各乡村的民众抗日组织更为普遍，如抗日自卫队、农救会、民众抗日自卫协会、青年救亡先锋队、青年工作团等。

1. 龙川青年自我教育训练班

1939 年 1 月，龙川县民众抗敌后援会在中共龙川地方组织的具体指导与帮助下，于老隆师范学校举办青年自我教育训练班（简称自教班），为期近一个月。时值数九寒冬，学员们晚上就睡在膳堂的地板上。他们每天早晨坚持跑步、唱歌，授课期间上午上课，下午自我教育，由学员讨论或自学或进行自我检讨、写心得等。同时，每三天出一期壁报或画报；每星期外出工作两次；并举行了三次游艺晚会。学习自始至终充满着团结、紧张、严肃、活泼的气氛。自教班的领导权自始至终掌握在中共龙川县委手里。通过办班这一公开合法形式，使学员经过紧张学习机会和严格训练，增强了抗日必胜的信念，掌握了基本的群众工作艺术和军事技能。日后，不少学员成为抗日救亡运动的骨干和各救亡团体的负责人，如魏则鸣、张民宪等学员，曾先后被调任和平、连平中共县委书记。自教班的开办为龙川党组织的发展及抗日救亡运动的蓬勃开展起了重要的促进作用，曾被誉为早期的"东江党校"。

2. 华宜乡民众抗日自卫协会

1939 年 1 月，在中共龙川地方组织的积极推动与协助下，华宜乡民众抗日自卫协会成立。自卫协会成立后积极宣传抗日，唤醒民众的抗日意识。在县委具体指导下，组织了一支宣传队伍，以知识青年为骨干，通过民众喜闻乐见的醒狮团舞狮形式，宣传中国必胜、日本必败，激起民众抗战必胜信心。同时自编自演话剧、活报剧，办识字班，组织青年男女文盲每晚到学校学习《民众课本》，由当地教员负责。与此同时，按照工作大纲发展生产的要求，自卫协会进行了全民总动员兴修水利，兴建了"响水陂"，开挖了一条深、宽各 1 米，长达 2 千米的大型水渠。除了上述措施，自卫协会还把修筑道路当做抗日的具体活动。经号召，群众踊跃参加乡道修筑，从南门到牛屎坳 5 千米长的羊肠小道，扩建成 3 米宽、两旁植树的公路雏形。

为做好抗敌准备，决议中规定购置大刀抗击日军侵略。

如田心屯有 6 个保、60 多个甲，每保做好了担架床 4 张，每甲购置了大刀一把，农闲时还加紧训练学员的对攻、拼杀等本领，随时准备迎击敌人。

3. 龙川青年抗日先锋队

1938 年年底，中共党员刘汝琛率"抗先"东江区队抵老隆开展"抗先"工作。

经过长期准备，1939 年 2 月 28 日，全县青年抗日统一组织——龙川"抗先"队成立大会于县城小学礼堂隆重举行。会上，张克明作政治报告，刘汝琛情怀激越发表演讲，殷切寄望龙川"抗先"队迅速掀起青年抗日救国新高潮。

会上还宣布了龙川"抗先"队组织机构及领导成员。

县长邓鸿芹任总队长，秘书长张克明，组织部部长魏南金，由张克明、魏南金负责"抗先"队具体工作。

龙川"抗先"队下设三个区队：一区队队长张其初；二区队队长方云生；三区队队长魏则鸣。龙川"抗先"队总队部设在县城。

此外，1939 年 2 月，中共党员郑风（郑子明）利用党的抗日民族统一战线方针、政策，经国民党龙川当局批准，在龙川登云发起成立进步青年团体"实践社"，积极从事抗日救亡宣传活动。

二、创办《龙川日报》，宣传抗日救亡主张

1938 年 12 月，中共龙川县委统战部部长张克明向县长建议创办地方性的报纸《龙川日报》，以更好地动员民众抗日救亡，保家卫国，宣传团结抗战。办报得到国民党龙川当局拨款及中上层民主爱国人士的支持。

1939 年元旦，《龙川日报》创刊。国民党龙川县县长邓鸿芹为报头题签（用红字印刷）。报头边印有"中华邮政特准挂号认为新闻纸类"字样。该报为 4 开 4 版，报费每月 4 角（后为 3 角），零售每份 3 分。社址初设老隆小学，后迁老隆平民医院，由老隆循州印务书局承印（铅印）。社长张克明，总编辑黄杏文。《龙川日报》名义上是由国民党龙川民众抗敌后援会主办，实际领导权却掌握在中共龙川县委手中。县委对办报的指导方针是坚持抗战反对投降，坚持团结反对分裂，坚持进步反对倒退。报社主要工作人员：曾瑞祥（共产党员）负责校对、清样、排版、发行兼写通讯或简短报道；张修（县委交通员）负责报社后勤、财务工作；县委书记黄慈宽、青运部部长魏南金亦常为报社写稿和协助报社做好具体工作。《龙川日报》的任务在创刊号的发刊词中明确指出：报道抗战消息，传播战时文化；鼓励青年的积极性与创造性，把他们组织成一支强有力的先锋队伍；动员全体民众一致抗日，保家卫国。《龙川日报》抗战气氛浓郁，内容广泛，除在龙川发行外，还销售到毗邻的兴宁、五华、梅县及河源（今河源源城区）、和平、连平等地，发行量在 1000 份以上。

1939 年 1 月，国民党召开五届五中全会，制定了"溶共、防共、限共、反共"的方针。此时，县长亦一反常态，变为消极抗日且声言要共产党退出龙川，对《龙川日报》亦停拨办报经费，且声称"报纸言论过左""外面议论多、民众意见大"等。于是，《龙川日报》被迫停刊。《龙川日报》自 1939 年元旦创刊至同年 5 月 28 日停刊，共出版 60 期。《龙川日报》虽只刊行 5 个月，但在中共龙川县委直接掌握下，充分发挥了报纸的威力。它对龙川民众抗日救国工作起了思想指导作用；它报道了抗战消息，传播战时文化，加强了民众对"抗战必胜"的信念，使民众叫好、顽固派震惊；它是唤起民众团结抗战、宣传中共抗日路线和政策的舆论阵地，也是揭露国民党顽固派破坏抗日与汉奸卖国的有力武器。

三、积极配合"东团""中团"在龙川开展活动

1. 配合"东团"在龙川开展活动

1938 年 10 月侵华日军在广东惠阳大亚湾登陆，大举进犯华南地区。12 月，南洋惠侨救乡会与海陆丰同乡会，香港的惠阳青年会、余闲乐社等共议，成立了东团，并在香港设立总团办事处，号召广大华侨（尤其是青年）和港澳同胞回祖国服务，共纾国难。

在总团领导下，1939 年年初，"东团"龙川分团（第六团）成立（刚成立时称"东团"龙川队），指导员兼领队徐希哲（龙川

人），队长邹清容（女，惠阳人）。龙川分团主要的工作是向民众宣传积极抗日。工作方式是帮助当地各机关团体组织歌咏班、音乐会，学习有抗战意义的歌曲，提高民众的抗战认识；协助当地各小学组织儿童团，开办民众夜校；联合各界举行座谈会；利用社会影响，开展统战工作。实际上，龙川党组织是龙川分团的领导核心。龙川分团开展的各项工作和活动，都是在龙川党组织的积极参与、发动乃至领导下进行的。

龙川分团为唤醒龙川民众抗日救亡做了大量工作，为巩固与发展抗日民族统一战线，团结抗战，作出不懈努力，为坚持团结，与龙川当局顽固派开展了针锋相对的斗争；从而在客观上为龙川党组织的发展壮大起了积极作用，同时也为党组织培养和造就了一批优秀人才。

2. 配合"中团"在龙川开展活动

1937 年秋，中山大学战地服务团（简称中大服务团）于香港成立，是以中山大学学生为主体的公开合法抗日救亡群团组织。1939 年 4 月，方少逸率 20 多名中大服务团团员从汕头经兴宁抵老隆，开展抗日救亡活动。

中大服务团在龙川的活动是在县委领导下进行的。他们利用其公开合法的抗日群团组织身份，广泛开展抗日救亡和施医赠药活动。当年暑假，服务团组织了一支巡回宣传队，先后到丰稔、十二排、龙母、赤岗、上坪、贝岭、车田、黎咀、黄石、四都、鹤市、通衢、县城等地，进行演讲、演戏、家访等，开展抗日宣传活动，同时还免费为民众看病施药。他们所到之处食宿自理，无需当地接待；演戏时自己搭台、自置道具，深受群众欢迎；还在鹤市街放映无声电影，其内容是报道日军侵略和飞机轰炸中国大地的实况；其所到之处高唱《长城谣》《义勇军进行曲》等抗日歌曲，以唤醒民众，大大地激发了民众抗日救国热情。

中大服务团是公开合法的组织，为掩护党组织开展革命活动提供方便。在施医施药的同时，在县委支持下，1939年12月，中大服务团在平民医院和老隆师范学校，还先后举办一期为时四个月的"战时救伤班"，以培训抗日战地护伤人员。除讲授政治、抗战科目，还着重教授医疗救伤方面的实用知识。县委除派出党员曾炎、陈学源、黄金玲、陈春巧等学员骨干外，还动员一批进步青年参加学习。为统一协调中大服务团、"东团"龙川分团和龙川"抗先"队开展抗日救亡宣传教育活动，县委要求加强领导，由张克明统筹兼顾做好统战工作。至1940年下半年，随着国民党顽固派不断掀起反共逆流，龙川当局对中大服务团的谣言亦多了，多次要求服务团要离开龙川。无奈之下中大服务团于1940年8月被迫离开龙川，返回香港。

四、实践社及其抗日救亡活动

1939年2月后，中共龙川县委在全县各地大力发展党的基层组织。龙川一中学生、登云进步青年郑风（郑子明）入党，肩负起领导登云地区抗日救亡运动的使命。他成功地利用党的抗日民族统一战线方针、政策，经国民党龙川当局批准，组织发起进步青年团体，成立了"实践社"（以毛泽东著作《实践论》为指导思想取名）。其宗旨是抗日救国，追求进步；实践真理，传播真理。与此同时，选举郑风为社长，社员有郑伯驹、郑平、郑梅、郑忠、郑板、郑波、郑浩、郑绍、郑芬、叶月英、丘炳初、黄中杰、曾庆祥、陈新兰、黄文珍、郑梅珍、黄洁文、郑莲英、黄素等50余人。他们以多种多样形式，先后深入乡村、圩镇，开展抗日救亡活动。

"实践社"在乡村较多人往来的地方，贴出有关抗日战讯的墙报，开办农民夜校读书班，教唱抗日歌曲、演白话剧；在街圩、农村醒目之处的墙壁上，书写抗日标语、口号和画抗日宣传画。主要标语口号有"国家兴亡匹夫有责""反对投降，为动员一切力量争取抗战胜利而斗争""抗日民族统一战线万岁""妻子送郎上战场"等。"实践社"成员还组织了民众喜闻乐见的舞狮子活动，以进行抗日救亡宣传。舞狮子表演时辅以锣鼓、铙钹助兴，使民众情绪激昂，提高了民众对国内、国际形势的认识，增强了他们对抗战和反法西斯斗争必胜的信心。之后，为适应抗日斗争形势发展的需要，"实践社"以较隐晦的"灰色"形态出现，并易名为"海燕歌剧团"，继续进行开展抗日救亡宣传活动。

第三节　积极投身全民族抗日战争

一、加强抗日统一战线工作

1.组织龙川妇女促进会

1939 年春，广东省妇女促进会负责人吴菊芳（时国民党广东省政府主席李汉魂夫人）委派林毅（中共党员，广州人）到龙川组织成立龙川妇女促进会。抗日战争时期，龙川妇女促进会是在中共抗日民族统一战线旗帜下成立的公开合法的进步群团组织。

1939 年至 1940 年，龙川妇女促进会的主要工作是直接参与"东团"龙川分团的活动，如陈新兰、叶群、陈春巧（中共党员）、张国英等团员，他们同时是"东团"开展抗日宣传活动的得力队员。

1941 年，"东团"龙川分团被迫停止活动后，龙川妇女促进会在县城举办车衣班和制鞋班。学习培训时间均为两个月，每班招收学员三四十人。车衣班主要是缝制军人衣服，制鞋班主要学习编织草鞋和衲制布鞋。陈春巧、叶群等是车衣班的负责人。学习期间，有关抗日宣传教育和抗战形势等政治思想课程，由林毅、张国英、梁女士、邬玉珍讲授；技术课和车衣缝纫实习，由郑亚标夫人讲授；制鞋班则请黄家祠旁边的鞋店师傅来讲授。所缝制的军衣、布鞋、草鞋等物品，均捐赠给前方抗日将士。此外，龙川妇女促进会还在县城的东门、西门、雷公坳、登云北山丘屋及车田等地，开办妇女识字班，每班50人左右，教认宣传抗日的文字，教唱抗战歌曲，唤醒民众抗日救亡的意识。

2. 依靠学生群众组织开展学运

考虑学生自身的组织，从维护其切身利益出发，更具凝聚力和号召力，各校党支部想方设法派出学生党员担任学生会、膳委会、班会、球队等的领导职务，利用这些组织的正当活动名义开展学生运动。如曾任一中学生会主席的党员有罗国青、陈学源、刘波、黄克光、张民宪等，骆灿任学生自治会主席。各校学生党员几乎都担任了一定的职务，有的还身兼数职。

一中学生会还组织全校学生以班为单位编辑墙报，并出版校刊《川中学生》。这些墙报与校刊，既大力宣传抗日救亡，又讨论全国抗战形势；号召学生谈论国事，摒弃埋头读书，对龙川当局禁止学生谈论国事的论调予以有力回击。各校党支部组织学生歌咏队、剧团等，高唱抗日战歌，如《黄河大合唱》《延安颂》《松花江上》等。龙川一中学生自治会还专门组织了抗日宣传队，出发到黎咀、贝岭、细坳等边远山村，以演戏、唱歌、画漫画、写抗日标语等各种形式，广泛宣传抗日救亡，唤醒民众增强抗战意识和增强必胜信念。1943年元旦，龙川一中学生会又以"旧壶装新酒"形式，组织"国际瑞狮"队到县城、老隆等地表演，向民众宣传轴心国德国、意大利、日本必败，反侵略阵线同盟国必胜的形势教育。

3. 做好统战工作开展学运

为正确贯彻执行中共抗日民族统一战线方针政策，各校党组织对该校教职员工的政治状况作一番深入细致的调查研究，主动团结那些开明、进步、爱国的抗日民主人士，尽力争取那些只管埋头教书不问国事的中间人物，发动学生孤立乃至打击那些暗中监视进步学生行动的少数极其顽固的分子。

龙川学生的抗日救亡爱国运动，在地方各级党组织的直接领导或具体指导下，不但在中学蓬勃开展，而且在不少小学也如火如荼。当时许多小学教员都是以教书职业做掩护的中共地下党员，甚至是各级党组织的领导人。他们以教员的公开合法身份做掩护从事革命活动工作。如老隆水贝的文昌小学、莲塘小学和涧步的涧洞小学，四甲的亨田第二中心小学，龙母的大塘小学和育英小学等，都是各级党组织开展抗日救亡活动的重要据点。当时的高级小学学生年龄较大，多属青年学生，从中还发展了一批党员，成立党支部。这些学生深入乡村农舍，在党员教师领导下，开展各种抗日救亡活动，为唤醒民众起来一致抗日救亡，起了积极推动作用。

1939 年 2 月，龙川县党员代表会议选举产生了中共龙川县委。县委领导成员除书记、组织与宣传部部长外，特增设青运部部长，具体负责领导开展全县青年学生运动工作。在以后的中共龙川中心县委、中共后东特委的领导成员中，亦一直设有青运部部长或青委书记，以具体负责领导青年运动工作。而当时的青年运动主要集中在青年学生中开展，即在全县的中学内进行。

县委为了在全县各地开展学生运动，首先在规模与影响较大的中学内吸收先进青年入党，在校内建立基层党组织。1938年冬，龙川一中支部成立，书记罗国青（后黄儒林、刘波、黄克光）；1940年始，还成立一中初中支部，书记刘振光（后张民选）。1939年始，成立龙川二中支部，书记魏郁才。1938年秋，受党组织派遣，刘波就读老隆师范学校（简称隆师）从事建立党组织工作，是年冬，成立隆师支部，书记刘国梁，后叶观渭（叶春）、叶春标。金安中学1939年秋成立党支部，其中学生支部书记先后为杨观林、黄民、郑子华；教员支部书记陈国雄。1941年秋，龙川一中从车田迁回龙川县城后，车田中学成立支部，书记骆东林。

各校为更好地开展学生运动，不断选派学校党员骨干，参加各级党委举办的学习班或训练班，以提高他们的政治素质和工作能力，更好地掌握学生运动的特点和规律，结合各校的实际做好学运工作。当《龙川日报》创刊后，经常报导各中学的学运情况，县委积极发动各校师生广泛订阅，有效地推动了龙川学运的开展。尤其举办自教班时，龙川一中、隆师党支部选派进步学生参加学习，为龙川学运培训了一批骨干力量。1939年春，"抗先"东江区队和"东团"先后抵龙川。他们以学校为基地，在当地青年学生紧密配合下，进行抗日救亡宣传活动，促进了龙川学运的发展。

龙川是东江抗日大后方，县委工作任务是团结一切可以团结的力量，开展抗日救亡，宣传抗日，做好抗日民族统一战线工作，与国民党顽固派作斗争。青年学生是完成这些工作任务的主力军，因此，中共龙川县委充分利用各种形式在学校开展学生运动。

龙川学生运动除向民众广泛开展抗日救亡宣传活动外，在各校党组织的积极支持与具体指导下，还与龙川当局顽固派进行激烈斗争，打击了国民党顽固派的嚣张气焰，得到社会各阶层人士的同情与支持，对团结广大民众一致抗日起了积极推动作用。

二、秘密组织文化名人老隆大营救活动

1941年1月"皖南事变"后，国民党顽固派对文化界知名人士和爱国民主人士的迫害进一步升级。许多著名作家、教授、学者、戏剧家、音乐家、美术家和各界爱国民主人士等，在内地不能立足，先后从昆明、重庆、上海等地辗转到香港。12月8日，日本侵略军偷袭美国太平洋海军基地珍珠港，太平洋战争爆发。12月12日九龙沦陷。25日，香港当局向日军扯白旗投降。香港沦陷后，日军、汉奸、特务异常猖獗，到处搜查抗日进步文化人士和各界爱国民主人士。进步文化名人的安全时刻受到日军威胁，处于危险之中。

早在1941年12月9日，中共中央南方局和周恩来急电八路军驻香港办事处、东江抗日游击队，要求坚决执行中共中央指示，不惜任何代价，不怕牺牲，积极营救滞留在港九地区的各界知名

人士和国际友人。12月下旬，八路军驻香港办事处负责人廖承志、连贯和中共南方工作委员会副书记张文彬、粤南省委书记梁广、广东军政委员会书记尹林平，立即部署营救工作，想尽一切办法将文化名人抢救出来并转移到后方安全地带。他们决定趁侵占香港日军立足未稳，且对香港情况还不甚熟悉以及大批难民逃离香港之机，以最快速度帮助滞港文化名人士迅速转移，分水陆两路同时出港，并制定具体撤退线路。当时老隆成为营救与护送文化名人脱险的重要转运站。

1941年除夕，第一批文化名人——茅盾夫妇、廖沫沙、韩幽桐等抵惠州。他们打扮成从香港逃难来的"阔佬"（即有钱人）。此后，陆续有大批人员到来，紧接着便将他们从惠州经东江水路护送到老隆。文化人士抵老隆后，在八路军驻香港办事处负责人连贯的直接领导下，具体部署与安排营送工作：一线是老隆—兴梅—大埔—闽西南，由胡一声（驻兴梅）负责沿途随行等工作；另一线是老隆—曲江（韶关）—衡阳—桂林（后往重庆），由乔冠华（驻韶关）运筹安排，两线均由连贯（驻老隆）负总责。因此，老隆成为至关重要的联络接送转运站。在中共后东特委直接领导下，龙川党组织竭尽全力积极协助连贯等认真做好营送工作。抵老隆的文化名人和爱国民主人士，有的经兴梅、大埔转闽西南，有的因身份暴露而暂时留下隐蔽，后再转送，多数人则由老隆经韶关到桂林。

老隆至韶关这一线，主要是根据抗日民族统一战线原则，以争取中间势力为目的而建立起来的商行所发展的社会关系，秘密组织掩护，完成接送任务。具体运作方法如下：通过商行在老隆设立的办事处，以接待其香港股东逃难家属的公开名义，把文化名人和爱国民主人士接到预设的旅店（在谷行街）和招待所里。老隆福建会馆以及旁边的义孚行和河唇街的侨兴行，既是办事处又是营送联络点，连贯常住那里。特别是侨兴行，在粤、桂、湘等省均有其办事处或商号，且有汽车往返于桂林、韶关、老隆、梅县之间，为疏散护送文化精英和爱国民主人士提供了各种便利条件。

龙川党组织还利用国民党顽军、税警人员之贪婪，常施点小惠给他们，使侨兴行汽车沿途过关穿卡少有盘查，能在其眼皮底下顺当溜过去。当时韶关为广东省临时省会，再通过国民党左派民主人士李章达、许崇清等协助，使抵韶关的文化名人和爱国民主人士之安全进一步得到保障。

文化名人士邹韬奋、茅盾等，当撤到东江游击区时，为安全计，暂在惠东宝地区隐蔽了一段时间，至1942年4月间才抵老隆。与邹韬奋及其家人同船到达的还有张铁生等。老隆地处东江抗日大后方，为粤东水陆交通枢纽，商业繁盛，战略地位十分重要。老隆镇内军警密布，关卡林立，特务常出没于茶楼、酒肆、旅馆之间，并以所谓"防止特务混入内地"为名，设立"港九难侨登记处"，一面审查从港九回来的人员，一面增添、加强水陆关卡检查的特务。

邹韬奋离港时打扮成商人模样，当他抵达老隆后，国民党当局派出特务四处搜捕，并扬言"一经发现，就地惩办"。为此，连贯与邹韬奋商量，说明目下不能贸然去桂林，"国民党已在沿途各关卡挂有邹的相片，要抓他"，劝他暂在广东隐蔽，而其家属子女等可设法转移到桂林郊区。征得邹韬奋同意后，连贯决定派人送他到梅县南部一偏僻山乡江头村，在侨兴行经理陈炳传家隐蔽下来。邹韬奋在陈家化名李尚清（难侨证的名字），是以某某商行股东的身份及因病在曲江经不起日本飞机轰炸而来乡间休养的名义出现。为安全起见，邹氏从老隆启程时，由连贯的女儿联结和负责这一地区的交通联络员郑展（中共地下党员）护送，俩人以表兄妹相称，护送"港商李尚清"到梅县山村避难。同年9月上旬，乔冠华从曲江电示胡一声：国民党当局已获悉邹韬奋在梅县山村，并派出特务去兴梅一带搜捕，故邹须立即撤离到韶关，再转送安全地带。9月25日，邹韬奋由胡一声、郑展护送，乘货车到老隆。复经龙川党组织缜密筹划，秘密护送他安全抵韶关。而后，转送往苏北抗日根据地。

由于茅盾夫妇及张铁生等这批文化名人抵老隆时人数较多，为安全起见，于惠州专门包租了一条船，从船长到水手都是中共地下党人士和进步人士。抵达老隆后，中共后东特委指示龙川党组织务必做好安全防范工作。稍事休顿后，党组织设法护送这批文化名人先后乘侨兴行的汽车抵达韶关。

此外，著名爱国民主人士何香凝、柳亚子等，以及柳亚子女儿柳无垢、廖承志妻（经普椿）儿等离港时混杂在难民中，乘机帆船到海丰。国民党中央委员罗翼群（兴宁人）获悉，亲自驱车到海丰迎接，因为"柳亚子当时是国民党匪特'就地格杀'对象之一"。他因扮装成一个大客商黄某而未被特务认出来。柳亚子父女及廖承志妻儿等由党组织几经周折，从海丰经兴宁、五华才抵达老隆侨兴行。征得柳亚子同意，经连贯周密部署和龙川党组织协助下，把柳亚子父女俩护送往兴宁山村石马乡一户中共地下党人家中暂住。隐蔽一段时间后，复抵达老隆，继而转送至桂林。

龙川党组织认真贯彻执行党的民族统一战线政策，在中共后东特委直接领导和连贯的具体指导下，积极做好文化名人和知名爱国民主人士经老隆往韶关的营送工作。在具体工作中，主要通过时任第一区（老隆）区长兼老隆电话所所长的中共地下党员黄用舒的内部关系，积极做好统战工作，使抵达老隆的文化人和爱国民主人士，能安全、方便地入住预先准备好膳宿的"义孚行"等旅馆，又斥资从国民党惠龙师管区司令部买来几百张难民证，送给这批文化精英。

据不完全统计，经老隆护送至韶关的爱国民主人士文化名人等有 300 多人。其中主要有何香凝、柳亚子、李佰球、陈汝棠、邓文钊、邹韬奋、茅盾、夏衍、张铁生、张友渔、胡绳、千家驹、蔡楚生、乔冠华、廖承志、廖沫沙、胡风、丁聪等 50 多人。他们有了这张难民证之后，龙川党组织利用侨兴行驻老隆办事处的汽车，沿途顺利地通过国民党中统特务（从老隆至韶关）所设的四个运输检查站，安全抵达曲江，并为他们以后在国统区的行动提供了方便。1942 年 5 月，中共粤北省委被破坏后，廖承志在广东乐昌被捕。敌特在廖身上搜出盖有龙川县第一区署、区长之大、小印章的"通行证"，如获至宝。国民党广东省政府密令龙川当局追查此事。在中共后东特委具体指导下，龙川党组织认真做好有关方面统战工作，使龙川当局对黄用舒的追查不了了之。

这次秘密营救文化精英脱险的大行动赢得了各阶层人士的高度赞扬，密切加强了党与知识分子、文化名人和民主人士的关系，对促进抗日民族统一战线的巩固与发展起了重要作用。

三、老隆"工合"的建立与活动

1940 年上半年，为开展白区革命斗争，中共东江特委组建老隆"工合"，并在老隆上街尾的一间小铺店前挂上"中国工业合作协会老隆印刷生产合作社"招牌，正式宣告"工合"诞生。它是中共东江特委直接领导与经营的企业，1941 年 2 月始，归中共后东特委领导。

"工合"是便于掩护党组织开展革命活动的重要据点，是一面插在白区的"红旗"。"工合"执行中共后东特委的隐蔽活动方针："广交朋友（指广泛开展做好统战工作），保全据点，长期埋伏，积蓄力量；善于保存自己而不露面，隐蔽与公开相结合；表面是商号，实则党的秘密活动联络据点。"特委及其所属各级党组织领导人，如梁威林、钟俊贤、郑群、饶璜湘、张华基等，常来"工合"联系与指导各地工作；大凡来往老隆与特委联系工作者，都在"工合"膳宿转道，可谓党组织的往来接待转运站。与此同时，"工合"还是党组织的交通联络站。凡交通员送来上级文件、情报抑或基层的情况反映等，都经"工合"门市或印刷社代收与转交。老交通员钟友林自"工合"建立始，转送与传递文件、信函、上级指令等不计其数，做到即来即转即送即告，切实保守好党的秘密与安全。

此外，各级党组织的不少文件、宣传品等，都由"工合"免费印刷。如1943年秋，为中共后东特委印了一批《海陆丰革命文献资料》，1944年春节，印刷了一大批宣传品《告东江人民书》。为防特务突然窜来搜查，付梓前，厂房附近都布上几重暗哨，落实好各种缜密应急措施，并采取边排版、边印刷、边拆版的办法，使之找不出破绽。除秘密印刷党的文件、资料外，"工合"还承接印刷了不少进步刊物。如龙川一中的《川中学生》、老隆师范学校的《隆师学生》、五华党组织的报刊《华声》《新生》《拓荒》等，还有五华皇华中学、河源船塘中学等校的进步刊物。同时还给后来中共地下党组织主办的《燎原报》《星火报》解决油墨、纸张等不少困难。

"工合"遵照中共后东特委指示，在公开业务活动中广交朋友，做好统战工作便于党组织开展革命活动。由于"工合"的生产与销售业务范围大牵涉面广，承接县内外大小单位或个人等各式各样的印件，从而既要应付国民党官方机构中的上层人物和中下级职员，也要交接社会各阶层进步人士和商号。在业务交往中多给对方一些好处或小惠，既可与其多做生意，又对开展统战工作和掩护党组织活动大有裨益。如经理黄耀伦通过业务交往与老隆中国银行行长及会计王定而等职员都很熟悉。由于黄耀伦须与广东省中国银行常有业务往来，接触较多，王定而便给黄耀伦透露："你少与省银行那个姓李的往来，他不是好人。"后经查实那个姓李的确实是一名特务。为建立广泛的抗日民族统一战线，逢年过节"工合"都给老关系户和友好人士送贺礼道喜。如住"工合"厂房后侧农舍的刘保长，思想较进步，"工合"大小节日与之礼尚往来，因而他对厂方亦很友善。抗日后期当地政府多次追抓壮丁，但刘保长都未把厂里的青工列入抓丁对象；老隆警察所常借故来"工合"查户口，搞突然袭击，刘保长获悉后都能主动事先告知厂方，从而使往来于"工合"的中共人员得以及时隐蔽或躲避，免遭损失。所有这些都与平常深入做好抗日民族统一战线工作不无关系。

四、成立龙川抗日后备大队

1944 年，随着世界反法西斯战争形势迅猛发展，日本在太平洋战争的败局已定，面临覆灭的命运。侵华日军垂死挣扎，占领广东沿海地区，整个广东面临全面沦陷的危险。在这国难当头、地方危难之时，中共龙川组织决定通过地下党员区长黄用舒的公开合法身份和社会关系，组建"龙川抗日后备大队"，同时决定率先在一区建立一个中队以解燃眉之急。

黄用舒接受任务后，立即与一区党员黄居秋、刘振光、黄仕标、黄克强、蓝展等磋商，一致认为利用这合法时机建立一支由中共秘密掌握的抗日武装，既能公开广泛动员民众抗日，又利于掩护党的地下活动，遂决定由黄用舒向龙川当局推荐黄克强任中队长。1945年春，经国民党龙川当局批准，在老隆区长黄用舒主持下，正式成立了龙川县抗日自卫大队第一中队，中队部驻地莲塘乡鲤仔塘村蓝氏宗祠。委任黄克强为中队长，曹超平（中共地下党员，和平县人）为特务长，黄水秀为传令兵；第一小队队长黄万兴，第二小队队长殷培祈，第三小队队长黄立旺；全队共64人。装备方面由龙川当局配发"七九"式步枪50支，驳壳短枪3支，每人发军服2套、军笠1顶，并佩戴"龙川县抗日自卫大队"胸章。经费和粮食等均由龙川县政府拨给。

为提高中队人员的军事素质和实战能力，中队成立后，立即组织人员在蓝氏宗祠等地进行军事训练，每日三操两讲。军事训练以队列、刺杀、瞄准射击、利用地形地物等为主，兼讲授游击战术；政治课讲当前世界反法西斯战争形势，广东当前可能遭全面沦陷的危险和日本当前面临覆灭的命运，以鼓舞士气保家卫国。同时大力宣传苏联红军反攻胜利，八路军、新四军、东江纵队的战绩，每晚教唱抗战歌曲等。此外，该中队还组织鲤仔塘村青壮年30多人维持社会治安，防止奸细破坏活动，确保训练顺利进行。

5月，侵华日军占领河源县城，战火已烧到了龙川家门口，一中队奉命开赴前线。莲塘乡党支部（1944年冬已恢复组织活动）

发动鲤仔塘、鸭麻坑等地民众列队欢送一中队人员踏上抗日前线的战场。

一中队的目标阵地是河源柳城牛背脊。抵达阵地后，一中队日夜赶挖战壕、筑工事，露宿山头，随时准备迎击侵华日军。守备数日后，日军从灯塔经顺天向大湖移动。为防日军由大湖经船塘进军老隆，一中队奉令日夜兼程赶至义都上猴岭与龙（川）和（平）河（源）边境的务礼坑、增坑、宋洞村的抗日自卫队汇合，做好迎击日军的充分准备。然而，日军却从大湖经和平县进入江西定南而去。一星期后，一中队奉命回师老隆。8月15日，日本天皇宣布无条件投降。一中队全体人员欢呼抗日胜利。随之龙川县抗日后备大队宣告解散，全体官兵复员回乡。这支队伍后来成为解放战争时期创建的人民游击武装骨干力量。

1945年7月26日，中、美、英三国发表《波茨坦公告》，敦促日本投降。8月10日，日本政府向同盟国乞降。8月15日，日本天皇广播《停战诏书》，宣布无条件投降。中国人民长达14年的抗日战争取得最后胜利。日本投降消息传到龙川后，全县民众无不欢欣鼓舞，兴高采烈。国民党龙川县政府在佗城召开庆祝抗战胜利大会，盛况空前，大街小巷鞭炮齐鸣，庆祝胜利，晚上举行火炬巡行。全县各区乡亦一片欢腾，锣鼓喧天，民众舞龙、舞狮以表达喜悦之情。

第四章

在解放战争中夺取民主革命的胜利

第一节　恢复党组织创建游击根据地

一、抗战胜利后的局势和党的方针

抗战胜利后，广东形势十分严峻，国共两党力量对比悬殊，内战危机一触即发。遵照中共中央指示精神，中共广东区党委作出坚持长期斗争的部署，一面坚持斗争保存武装力量和干部，一面作长期打算准备开展合法民主斗争。

1945年10月10日，中共中央与国民党当局的重庆谈判签署了《政府与中共代表会谈纪要》（即"双十协定"）。中共中央代表同意让出广东、苏南、皖南等八个解放区并将其部队撤至苏北、皖北等地区。在此背景下，东江纵队于1946年6月30日开始北撤山东烟台解放区。东江纵队北撤后，广东局势随着全国内战的全面爆发而发生急剧变化。国民党广东当局进行一系列反革命部署，在东江纵队活动过的地区进行"清乡""清剿"等。在东江纵队北撤前后，中共广东区党委根据中共中央指示精神，制定了"保存力量，保存骨干，长期积蓄力量，等待时机"的斗争方针；各地党组织再次由委员制改为特派员制，停止组织活动，党员分散隐蔽，保持单线联系。东江纵队主力北撤后，留下的东江人民抗日武装自卫总队人员，大部分复员在地方上坚持自卫斗争。后东地区撤销中共后东特委，改为特派员制，由钟俊贤任特派员，领导河源、紫金、五华、龙川、连平、和平、新丰、兴宁等县党组织。龙川特派员是黄民（黄克光）、黄素。

二、恢复龙川县党组织

1. 中共川南县工作委员会的成立与活动

1944年12月，中共后东特委组织干事钟俊贤，向龙川莲塘一带党组织联系人余进文传达特委指示：由余进文逐步恢复该地区党组织活动。不久，余进文便恢复了莲塘、四甲、涧洞党支部的组织活动。这是自1942年粤北事件停止组织活动后，率先恢复组织活动的龙川党组织。

1945年8月，中共后东特委任命郑强民为龙川鹤市区特派员。郑的主要任务是恢复和发展党组织，组建武工队，开展武装斗争。为便于工作，钟俊贤指示应先恢复黄民、黄素的组织生活。为此，郑强民回龙川后成立了郑强民、黄民、黄素三人领导小组，郑强民任组长。与此同时，郑强民重返皇华中学任教，以教书职业为掩护秘密开展恢复和发展党组织工作。他先后恢复了郑忠、叶春标、陈杰、黄忠杰、黄文生、廖裕元、陈友兴等人的组织生活，并吸收了郑板、郑绍、黄伟、黄凌等人入党。

1946 年元旦，依照中共后东特委的指示成立中共川南县工作委员会（简称川南县工委），书记郑强民，组织委员黄素，宣传委员黄民。与此同时，分别在郑强民家、黄民家建立了川南县工委的主要联络点。川南县工委领导人工作基本分工是，郑强民除负责全面工作外，还负责登云、新圩、北山、茅畲、老隆师范学校、金安中学等地的党组织；黄素负责通衢、雅寄、金鱼等地党组织；黄民负责旺宜塘、田心屯、新径、合路口、老隆、莲塘、洞洞、佗城、四甲等地党组织。

川南县工委成立后，致力于恢复发展党组织，建立党的生活制度；积极开展对群众的宣传教育工作；组建一支地下民兵队伍；选送党员骨干参加中共后东特委的党训班；掩护中共后东特委领导和东江纵队人员；协助东江纵队第三支队短枪队开展经济斗争；开展统战工作，团结一切可以团结的力量；跟国民党特务组织进行针锋相对的斗争。

1946 年 5 月，川南县工委在新圩通德小学召开会议，部署东纵北撤后留守地方的党员如何开展工作等。会议决定由黄民接任川南县工委书记，黄素为委员。7 月，因皇华中学发生个别党员教师被捕事件，中共后东特委通知黄民离校赴广州复学（国民大学），川南县工委书记由黄素接任。而后，川南党组织成立新的领导机构。

2. 中共龙川县临时工作委员会的成立与活动

1946 年 8 月，后东特委特派员钟俊贤（化名张达）向川南县工委传达东江纵队北撤后的东江地区形势与任务。主要任务为反内战，争取和平民主，严防敌特破坏，开展隐蔽斗争。钟俊贤指示：随着形势发展和革命斗争的需要，要把龙川党组织全面恢复起来，并成立一个统一领导机构，名称为中共龙川县临时工作委员会（简称龙川县临工委）；任命黄素任县临工委书记，组织委员叶春标，宣传委员刘平（刘振光）。为尽快恢复全县党组织，钟俊贤以"小钟"名义写信给魏秋环，由黄素去联系魏氏，以恢复川北地区党组织；又以"张达"名义写信给刘平，亦由黄素去联系，传达建立龙川县临工委机构的消息。

8月下旬，根据钟俊贤的指示，黄素与叶春标在老隆涧洞刘平家召开会议，成立龙川县临工委和研究部署恢复全县各地党组织。龙川县临工委成立后，龙川基本恢复和建立了各地党组织机构。同时，龙川县临工委以乡村学校为阵地，积极发展党组织，开展宣传工作；建立秘密印刷点，刊印文件与学习资料；秘密动员农村贫苦青年参加游击队或武工组；积极建立交通联络站；打入国民党机关，搜集情报。

三、创建川南、川北、川中革命根据地

1947年3月，中共九连工委在河源叶潭召开第一次会议。根据斗争形势发展，工委成员分散到各地，领导开展武装斗争，打

击国民党区、乡政权，组建武工队，开辟游击根据地等。会议明确提出"反'三征'，破仓分粮，建立反蒋统一战线"的政治口号。随后，中共九连工委活动区域划为四个战略区，并设立其相应的党的分区领导机构（相当于县委）：连（平）和（平）分区，分工委书记吴毅兼任；和东分区（辖和平东部、龙川北部），分工委书记魏南金兼任；河西分区（辖河源西部、龙川中部），分工委书记李辉；河东分区（辖河源东部、龙川南部、五华及紫金北部），分工委书记钟俊贤兼任（河东分区地域广阔，相当于中心县委，习惯上称河东总部）。与此同时，建立了连和民主义勇队、和平人民义勇队（和东区）、河西人民自救队（河西区）、东江人民抗征队（河东区）等游击武装队伍。

随着武装斗争形势发展，为适应游击武装斗争的需要，结合龙川地形地域的特点，龙川没有建立统一领导全县的党组织，分别成立了中共川南、川北、川中区工作委员会（简称川南工委、川北工委、川中工委），各工委统一领导该地区的地方党组织和游击武装队伍。

1947 年 10 月，陈华到紫市船坑黄克家里传达中共河东分工委指示，撤销龙川县临工委。与此同时，为加强党的领导和扩大川南游击武装斗争，决定成立中共川南工委，书记陈华，委员黄素、黄克。至 1948 年 8 月，工委书记黄素，组织委员叶春标，宣传委员黄靖（均直至龙川解放）。同时建立川南游击大队，政委陈华，大队长黄克；黄素负责领导地方武工队和地方党组织工作。至 1948 年春，川南地区建立的主要游击武装队伍有：飞鸿武工队，队长黄干，活动于四甲一带；大鸿队，队长邹达，指导员张涛，活动于紫市、宦境一带；星光队，负责人黄彬、黄资；铁鸟队，队长曾火廷，指导员孔理，与星光队一起，活动于鹤市、宦境一带。整编后，川南队队长邹达，副队长罗泉英，指导员黄克（兼）；新生一中队队长杨群，指导员郑板、黄素（后）；拓荒队队长曾火廷，指导员陈华（兼）。新生一中队在锦归、登云、通衢、祝水洞一带活动，拓荒队在宦境、金鱼一带活动，川南队在雅寄、船坑、大塘肚一带活动。

1947年5月，中共九连工委常委魏南金通知骆仰文到九连山汇报川北地区情况。与此同时，中共九连工委恢复了骆仰文的党组织生活，并委指示骆仰文回川北地区开展武装斗争活动，建立川北游击区，成立武工队。7月，中共九连工委举办军政干部训练班，以培训干部领导武装斗争。朱文和、彭万钦、李一平等进步青年参加学习。同月，魏南金率陈苏中队开赴川北地区，先后到细坳、贝岭、黄埔、车田、五顶等地活动。部队袭击了细坳乡公所，收缴了一批武器弹药，随后转移到黄埔、再头，迎头痛击跟踪的国民党龙川自卫总队。而后，又到车田、五顶乡村宣传反"三征"和减租减息，发动群众开展武装斗争。

1947年8月，中共九连工委决定成立中共川北工委，书记骆仰文，委员朱田光，负责领导川北武装斗争和地方党的工作。同时建立了龙川民众自卫队，队长骆仰文（化名骆骁），教导员朱田光。至1948年4月，川北游击区武装队伍发展到400多人。先后建立的游击武装主要有：黄伟枝中队，队长黄伟枝（后杨荣烈），指导员魏秋环；曾金中队，指导员彭万钦，副队长曾金；飞虎中队，队长彭思登，指导员邓镇邦；飞龙中队，指导员刘云，副队长杨学赞，飞虎、飞龙中队均活动于黎咀、车田、黄石边境；骆平武工队，队长骆平，活动在沿东江上游山区，进行收税筹粮，为游击区提供经济给养；黄丙独立小队，小队长黄丙，活动于五合一带；陈卢独立小队，小队长陈卢，活动于五顶乡一带；刘驳平武工组，组长刘驳平，活动于贝岭地区。

1946年12月下旬，后东特委特派员钟俊贤指示莲塘乡党员黄仕标组建莲塘武工队，开展武装斗争活动。经过几个月的发展壮大，在莲塘武工队基础上，1947年5月成立了江明队，队长黄仕标（化名黄锐），副队长黄克强，指导员欧阳梧。全队有武装人员120多人，分设三个小队，小队长为田青、蓝天、骆力，活动于佗城、老隆、四都、义都及河源、和平边境一带。隶属河西分工委领导。同年7月川中地区成立东江人民抗征队新生队，特派员张其初（化名李昌），队长吴海棠，指导员魏秋环、副指导员魏斯达，辖两个小队，队长为陈小明、黄辉。随着武装队伍不断发展壮大，至同年12月扩编为东江人民抗征队新生大队，大队长张其初，下辖陈小明中队，队长陈小明；杨群中队，队长杨群；黄辉中队，队长黄辉；唐基球小队，队长唐基球；唐利小队，队长唐利。新生大队主要以茅畲、石福为根据地，活动于丰稔、十二排、登云、华新、锦归等地，隶属于河东分工委领导。

1947年7月随东江纵队北撤的魏洪涛，奉命回九连地区开展武装斗争。遵照中共九连工委指示，11月成立了中共川中工委，书记魏洪涛（后郑忠），委员曾毅夫、魏斯达（后魏煌）。同时成立川中大队，大队长兼政委魏洪涛。在此前后川中地区已建立的游击武装队伍主要有：川中人民义勇队（河南队），队长魏强，指导员刘波（兴宁人）；李青小队，队长李青；李一平小队，队长李一平；李英小队，队长李英；铁群武工队，队长曾炎，指导员曾毅夫；广州队，队长吴海棠，指导员刘云，副队长黄作彬；山西队，队长黄文强；魏煌武工队，队长魏煌。均隶属于川中工委领导。川中大队主要以牙沙嶂、东水嶂为根据地，活动于四都、黄石、黎咀、赤岗、铁场、石坑及和平的东水等地。

四、巩固四甲游击根据地

1944 年冬，根据中共后东特委指示，率先恢复了四甲党组织活动。至同年 11 月，四甲所属的八个自然村全部恢复了村农会，并相继成立了全副武装的各村民兵常备队。民兵常备队约 200 人，积极开展游击武装斗争。

1947 年 4 月 4 日，国民党龙川县县长朱华、参议长黄蔚文、自卫总队队长黄道仁扬言：时值春荒，近日到四甲发放救济粮。为反击敌人，中共九连工委书记严尚民率东江人民抗征队主力，在四甲飞鹏武工队配合下，于梨子塘伏击国民党龙川自卫总队。这一仗打得干净利落，是中共九连工委恢复武装斗争后首战告捷，极大地振奋了游击区军民士气。

7月中旬，国民党龙川自卫总队与地方联防队约800人进攻毗邻四甲的河源黄村河东总部。四甲游击武装奉命支援，伏击敌人。9月中旬，飞鹏武工队在民兵配合下，在河源乐村伏击进犯四甲的河源自卫中队，毙敌2人，俘30余人，缴枪30多支，子弹2000多发。接着由四甲民兵常备队，袭击乐村地主，收缴其钱粮，大获全胜。12月下旬，四甲开始进行土地改革分田地，成立分田废债委员会，主任孙志，副主任陈崇祺、戴文达、罗伟、黄瑞，顾问陈济平，委员罗高、邹兴、黄日强。同时还确定了各村分田废债负责人：东坑村为陈崇祺、黄仁忠、陈超、黄震等，叶布村为戴文达、罗伟、罗世祯等，三印村为黄瑞、黄日强、黄任、方子云、邹兴等，前锋村为李锦延、刘火安、黄丁娇等。委员会根据《中国土地法大纲》作出当地分田废债总的原则：以村为单位，按总面积进行人平均分配；在具体做法上，以各户原耕田为基础进行抽坑（田）补墩（田）、抽远补近、抽肥补瘦。1948年2月下旬，四甲农户"认田"回家。而后，四甲各村都自发地举行"土地回家"庆祝活动，敲锣打鼓放鞭炮，热闹非常。

为保卫土改分田废债成果，3月6日，刘波主持废除了国民党在四甲的乡、保、甲制度，成立了解放区瑶亨乡农民协会，一切权力归乡农会，同时成立了乡民兵常备大队。自四甲分田废债与成立了乡农会后，国民党龙川当局恐惧不安，4月间派出县警中队数次"进剿"四甲。有邹岳自卫中队"进剿"四甲佛祖前、东坑村，遭民兵常备队配合飞鹏武工队的迎头痛击，退回县城。

又派何乙添和叶国华分别率自卫队进驻四甲中心小学，伺机扑灭四甲游击武装。民兵常备队采取"敌驻我扰"的战术，夜间在敌营外鸣枪佯攻，使敌不得安宁。不久，敌人便悻悻地撤走，四甲解放区得到了巩固。

第二节 开展武装斗争，开辟解放区

一、游击武装队伍的整编

龙川自 1947 年夏相继恢复武装斗争，由"小搞"转入"大搞"后，各地反封建的群众斗争和游击武装斗争蓬勃发展。为便于统一领导，集中优势兵力打击敌人，九连地区游击武装队伍进行统一整编，辖四个团，五个独立大队。遵粤赣边支队命令，川中、川北游击大队主力武装开赴河西解放区休整。

结合龙川武装斗争实际，经休整并补充弹药物资后，川中大队改编为粤赣边支队独立第一大队（简称独一大），大队长兼政委魏洪涛。下辖（主力）河南队，队长魏强，副队长李青，指导员刘波（后刘云），不久改番号为云南队，调入支队第三团。此时，独一大仍辖东岳、南岳、北岳、中岳队以及曾毅夫、魏煌、骆平、郑芬四个武工队，属和东区工委领导。此外，龙和人民自救队（江明大队）改编为粤赣边支队独立第二大队（简称独二大），龙川民众自卫队（川北大队）改编为粤赣边支队独立第三大队（简称独三大）。龙（川）河（源）五（华）边境活动的五河大队，改编为粤赣边支队四团第一大队，下辖游击武装有洛阳队、拓荒队、火光队、川南队、川南武工队（原新生一中队）。

此外，改编后的粤赣边支队独立第五大队，下辖游击武装有飞鹏队、前锋队、飞虎队、飞豹队、四甲武工队。

粤赣边支队的成立，是九连地区人民武装队伍发展、壮大，跨入人民解放军战斗行列的重要标志。

从此，九连地区人民武装队伍的发展进入一个新阶段，部队的政治、军事素质得到进一步提高，战斗力不断增强，成为扭转当地战局和巩固九连游击根据地的坚强可靠武装力量。

1949 年 1 月，中国人民解放军粤赣湘边纵队成立；1 月 17 日，原粤赣边支队改编为中国人民解放军粤赣湘边纵队东江第二支队（简称东二支队），龙川及其边境地区的武装队伍直属东二支队领导，分别改为东二支队直属（独立）第一、二、三、五大队和东二支队四团第一大队。

独一大队队长兼政委魏洪涛、郑忠（代），辖杨群、郑奎、魏煌、曾立中四个连队；独二大队队长兼政委黄仕标，辖华东、华南、曲江三个连队；独三大队队长兼政委骆仰文，辖杨荣烈、朱文和、彭思祥三个中队；独五大队队长兼政委邹建，辖（川南地区的）飞鹏、飞虎、飞豹三个连队；四团一大队大队长张惠民、政委陈华，辖（川南地区的）洛阳、火光、川南武工队和重机中队、第三中队。

二、川北根据地的武装斗争

1947 年冬至 1948 年年初，川北游击武装蓬勃发展，组织了大小不等的十多个武装队伍，都打着共产党的革命旗号。其中有的阳奉阴违，有的不听指挥、纪律性差，甚至变相投敌等，给川北革命斗争造成重大损失，危害严重且影响深刻，致使川北革命斗争出现暂时低潮。川北工委加强部队领导，及时对队伍进行教育改造、整顿整编，并坚决打击投敌叛变分子。虽然队伍数量在减少，但队员的政治思想觉悟大大提高了，不为敌利诱，在敌进攻面前斗志越加旺盛，川北游击区更加巩固。

1948 年 3 月上旬，根据中共川北工委指示，朱文和率 40 多名游击队员从黄埠出发，在五羊滩横渡东江河，计划开辟一条通往江西寻乌的游击走廊。半夜时分，在大古村司马第钟屋宿营与国民党贝岭区上坪、岩镇联防队 200 多人激战，敌伤亡多人。此战显示了中共领导的游击队以少胜多、以劣势装备战胜装备良好之敌。

至 1948 年 4 月，川北游击区武装队伍发展到 400 多人。是年冬，川北地区游击武装活动蓬勃开展，震惊了国民党龙川当局。县长朱华亲率县警大队及地方自卫队近 200 人，"进剿"驻五顶山区的游击队。朱文和队选派一队精干人马，夜半袭击朱华驻地，使其彻夜不宁。第二天，朱华只好率队悻悻地撤走。

三、川中根据地的武装斗争

1947年7月，在反"三征"游击斗争活动大好形势下，龙川县临工委将民间武装力量组织龙和河人民武装维护社（简称维护社），改编为东江人民抗征队新生队。新生大队以茅畲，石福、牙沙嶂为根据地开展游击武装斗争活动，在川中地区宣传反"三征"、反内战等，有力地打击了国民党地方当局。

1948年2月1日，国民党龙川当局趁机对茅畲、石福地区进行疯狂"扫荡"，遂集结了叶国华、谢洪恩、黄天骥、叶步梯等地方联防队300多人，兵分四路"扫荡"茅畲、石福。新生大队在茅畲、秀岭、石福等地民兵200余人密切配合下，奋起反击，战斗异常激烈。由于敌众我寡，新生大队等主动疏散隐蔽。3月13日，兴梅专员曾举直亲自组织率领龙川县自卫总队、县警大队、国民党广东保安第五团部与团员等800多人，全面包围石福、茅畲游击根据地。新生大队、铁群队与敌激战一天，冲出重围。经过这次"扫荡"，铁群队主力转移。11月，曾立中重组一小型武工队40多人，夜袭丰稔乡公所，活捉乡长和自卫队队长2人，缴长短枪9支及子弹、物资一大批。直至1949年5月，这支武工队为保卫茅畲、石福游击根据地起了重大作用。

1948年8月下旬，国民党广东保安第五团纠集龙川、和平两县地方联防队，兵分三路向九连河西游击根据地进攻。川中、川北游击大队坚决执行中共九连地委指示："不但要威胁和牵制东江上游敌人，特别要威胁和牵制老隆镇的敌人，以保存九连山区根据地。"为此，川中、川北大队主力 200 多人在河西游击根据地经休整并补充了枪弹、物资后，9 月 16 日，在魏洪涛、郑风、骆仰文的率领下，开回龙川坚持斗争。9 月 18 日拂晓，敌人从东、南两面开来"进剿"牙沙嶂。战况激烈，双方始终处于相持阶段。考虑到敌人兵多弹足，大部队主动突围。敌人失去了"进剿"目标，加上惧怕夜战遭袭击，亦各自撤退回原地。这次牙沙嶂反"扫荡"，游击武装仅以 200 多人的兵力抗击枪好弹多的千余众敌，充分显示了游击武装力量的威力。

牙沙嶂战斗后，敌人不敢轻举妄动调兵"进剿"九连游击根据地，只好分兵据守各自据点，按兵不动。这一仗有效地减轻了敌人对九连山游击根据地军民的压力。

四、川南根据地的武装斗争

1948 年，川南地区游击根据地已发展有拓荒队、龙河大队、五河大队、川南队、独二大队等多支武装队伍。在国民党广东当局实施第一期"清剿"时，1948 年 3 月，第六"清剿"区司令曾举直，命令龙川当局对游击根据地进行大"扫荡"。3 月 5 日，敌"进剿"鹤市地区。鹤市区巡官张培珊率鹤市、黄布自卫队 100 多人直奔宦境一带"扫荡"。拓荒队早有戒备，给敌当头一棒，敌人遭拓荒队和宦境民兵的顽强阻击。经 2 小时交战，敌撤回鹤市后恼羞成怒，遂由黄道仁率县自卫总队、紫乐与仁里等乡自卫队及省保五团一个连，兵力600多人，于3月6日分两路"进剿"增江布等地。川南队、龙河大队、五河大队等队伍和民兵英勇阻击敌人。地方党组织发动群众送茶、送饭、送子弹支援游击队。经三次反击冲锋，游击队几乎冲进敌营。此战毙、伤敌十余人，缴枪10支，子弹几百发。由于在各山头四处出击，敌人不了解游击队实况且怕夜战被围歼，黄道仁等率部收兵撤回鹤市。

川南地区游击根据地的另一支武装队伍独二大队（前身为江明大队），主要活动于龙（川）和（平）河（源）边境龙川的义都、莲塘、佗城，和平的郎仑、董源、东水（部分）及河源的上莞、船塘等地。1948年夏，国民党广东省当局对九连地区进行第一期"清剿"后，省保安第五团纠集龙川、和平两县地方武装800人分两路"扫荡"龙和边境的东水、义都、郎仑游击根据地。独二大队在当地民兵配合下，在赤泥塘一带伏击敌人，使敌遭重创。独二大队接着组织短枪队，主动出击向敌发起攻击，拔掉了义都街哨卡这颗毒钉。

1948年10月国民党广东当局对九连地区实施第二期"清剿"，主要对九连地委驻地河西游击根据地进行大"扫荡"。独二大队奉命配合粤赣边支队主力团队参战。10月下旬东岳队奉调参加于连平大湖的狮子脑战斗。在支队司令员郑群指挥下，东岳队与其他团队一起，埋伏于狮子脑主阵地，担任正面阻击，取得胜利。1949年1月中旬支队司令部为组织在东江沿岸截击国民党广东保安第十三团船队的大人山战斗，独二大队奉命在佗城至东水的东江河畔，打击牵制企图增援的敌人，有力地支援了下游的粤赣边支队所组织的大人山战斗。在九连军民获五战五捷大好形势鼓舞下，独二大队又频频出击，连续打击歼灭了郎仑、董源、桂林、十八洞、西山等乡村的自卫队，扫除了老隆外围之敌，有力地支援了东二支队解放老隆战斗。

五、四甲解放区反"清乡"斗争

1948年夏天，河东区部队实施战略转移，撤到河西区游击根据地以集中力量打击敌人。7月中旬，黄道仁率龙川县自卫总队300多人乘机突然袭击四甲，疯狂报复施行烧、杀、抢"三光"政策，妄图一举消灭四甲解放区。8月12日，国民党龙川县县长黄学森、县参议长黄蔚文、县自卫队队长黄道仁一起窜到被洗劫后的四甲，召开所谓"安民会议"，假惺惺表示，若四甲成立自卫班，归县警总队指挥，则由自卫班维持四甲地方治安，县府不再"进剿"四甲。

四甲中心支部按当前的实际情况，决定将计就计，成立"白皮红心"的革命的地方自治队伍——四甲自卫班，作为权宜之计，外则虚与委蛇敷衍敌人，使之不再进犯四甲，内可保存发展革命力量。由黄日初为总负责，黄自强、黄振光分别任正副班长。待1948年11月游击武装主力返回河东区，武装力量大大增强，四甲自卫班无须继续下去，于是，四甲中心支部决定解散了自卫班。

10月，正当国民党广东当局对九连地区实施第二期"清剿"时，四甲周边地区的地主豪绅（四甲农民大都原系其佃农）亦乘机对四甲分田废债的成果进行疯狂反扑，企图夺回被分了的土地和废掉的债务。为确保四甲分田废债的胜利成果，河东区总部决定成立瑶亭乡四甲联合办事处。11月11日，驻河源黄村的国民党广东省保安第十三团，为配合国民党广东当局对九连河西区的"清剿"，在奸细引导下兵分两路，星夜远道奔袭四甲解放区。由于敌人夜间偷袭，游击队缺乏戒备，队员毛美在上印村被捕，陈济平在龙湖被抓，幸而半路脱险。敌人进入上锋村时，适逢罗高召开党小组会，以致罗高、黄丁娇等30余名农会干部和群众被捕，被押解至河源蓝口。罗高、黄丁娇、毛美于佗城东江河边惨遭敌人杀害。为打击敌人嚣张气焰，经刘平请示上级同意，四甲成立四甲武工队，罗伟任队长，陈崇祺为指导员，开展"除奸反特"斗争，及时清除了潜伏于四甲的3名奸细。此后，武工队与活动于四甲的游击队伍紧密配合，为保卫四甲解放区作出重要贡献。

第三节　龙川全境解放

一、车田解放

中共九连地委在开展对敌斗争春季攻势时，为打退敌人进攻，东二支队第三团从 1949 年 2 月起，接连解放了和平青州、热水。4 月，第三团、第六团向和东、川北边境挺进，袭击彭寨并于河明亮伏击全歼和平县警中队，毙俘敌 70 多人。在这大好形势下，鉴于车田地区已完全为中共龙和边工委及独三大队所掌握，可里应外合，解放车田指日可待。中共九连地委作出决定：4 月 13 日（车田圩期）东二支队司令员郑群、第六团团长林镜秋率部分主力部队开赴车田，宣告车田解放。邓渠青乡长率乡公所军政人员等热烈欢迎东二支队到来。随即在车田街召开军民大会，红旗招展，锣鼓喧天，张贴东二支队标语，乡民喜气洋洋。大会庄严宣布《车田起义宣言》，脱离蒋介石集团统治，接受共产党领导，打倒蒋介石。当天还逮捕惩处了叛徒特务分子杨学赞等。与此同时，会上宣布成立车田乡人民政府，乡长邓渠青，副乡长彭铨标、邓洪源。原车田乡自卫队改编为东二支队独三大队一个中队，中队长邓鸿恩，副中队长陈德忠，指导员谢国英。

车田起义震撼了整个龙川，动摇了国民党龙川当局的统治基础。于是，川北地区的区、乡联防队纷纷派员与独三大队联系，走车田起义道路。同时，由于车田解放的影响，贝岭、岩镇、上坪、赤岗等地不少革命青年也相继组织武装队伍，在当地开展游击武装斗争。车田起义对龙川全境解放起了积极推动作用。

二、老隆起义与龙川解放

1949年4月23日，百万雄师过大江，国民党首都南京解放。在全国胜利形势的鼓舞与影响下，南方各游击区和根据地不断扩展，由山区到平原，再从平原向中心城市逼近。随着形势的变化，在东二支队积极筹划和策反下，5月10日驻防东江上游的国民党广东保安十三团宣布起义（简称保十三团）。

保十三团起义，为老隆战役拉开序幕。老隆是东江上游重镇，扼水陆交通要冲。为确保老隆战役胜利，在粤赣湘边纵队司令员兼政委尹林平、副司令员黄松坚、副政委梁威林、政治部主任左洪涛、参谋长严尚民的部署下，严尚民、钟俊贤、魏南金、郑群、黄中强以及起义的保安十三团少将团长曾天节组成前线指挥部（设于距老隆3千米处厕屎坳），严尚民为总指挥。指挥部根据敌我军事力量的分布，制定对老隆采取围点打援、各个击破的方针，即围攻老隆寨顶的保四师师部，打击可能从和平、河源等处来的援兵，进而歼灭老隆守敌。当时，东二支三团、四团、六团、七团、二团（新丰）及直属大队有6000多人，加上保安十三团起义部队3000多人，合计近1万兵力投入战役。

1949年5月13日夜，保十三团起义军进入老隆，将驻隆国民党保四师师部包围。14日，边纵东江第二支队和起义部队给驻守老隆城寨顶的保四师副师长彭健龙下了通牒，限令他于中午12时前率部放下武器投降。彭凭寨顶的防御工事顽抗，同时向驻和平东水的副师长列应佳、驻河源城的一九六师以及国民党广东当局紧急求救。14日12时正，彭拒绝投降。指挥部随即下令集中火力轰击寨顶守敌，解放老隆战役打响。保十三团起义部队用一个营的兵力，向保四师师部发起猛烈的攻击，用多门迫击炮、平射炮向寨顶守敌轰击。

下午3时许，列应佳率领的驻和平保五团两个营千余援兵在行至距离老隆4千米的乌石坝时，遭郑群率东二支主力三团云南队与起义部队搜索连的正面截击，战斗异常激烈。敌企图强攻夺路而未得逞。战斗中指挥部派东二支队主力三团于左右迂回侧击敌阵，激战至傍晚，敌两个营兵力全部被打垮。至15日早晨，驻老隆寨顶的彭健龙见得不到救援，本人又负伤，只好打白旗投降，老隆宣告解放。

当时县治所在地为佗城。14日上午10时，东二支队独二大队进驻佗城，在国民党龙川县府楼上升起一面红旗，迎风飘扬，龙川县宣告解放。

三、建立龙川县人民政权

龙川解放后，建立人民当家做主的政权，是广大人民群众的迫切愿望。1949 年 5 月 29 日，中共九连地委在政权建设工作会议上，认为党和军队在龙川已站稳了脚跟，作出成立龙川县人民政府的决定。

1949 年 6 月 1 日，中共边纵政治部委派九连地委书记魏南金兼任龙川县县长，委派郑风、骆仰文为副县长、叶惠南为县府秘书，县府办公地点设在老隆福建会馆（后迁老隆师范、水贝大洋楼）。与此同时，为加强党的领导建设，成立中共龙川县委。任命魏南金兼任县委书记，副书记刘春乾，组织部部长刘波，宣传部部长叶惠南，委员郑风、骆仰文、黄仕标为委员。县委办公地址设老隆寨背街东华楼。

6 月 2 日，魏南金在老隆老戏院主持召开各界人士及各区乡选派的代表等 300 多人参加的龙川县人民政府成立典礼大会。随后，魏南金县长发表施政演说，强调当前龙川县人民政府的主要任务：建立、健全县及其以下各级人民政权机构，肃清县内残余匪敌，发动全县人民努力支援前线，鼓励参军参政，摊派认购公粮债券，建立各级农会、民兵组织，巩固社会治安，办好教育事业，举办师资训练班，组织政治工作队，深入各乡村宣传党的方针政策等。最后，魏南金表示："愿与本县公正绅士及各阶层人士携手合作，共同建设新龙川。"

四、东江公学在龙川

1949 年春，根据中共香港分局和边区党委的指示和要求，在中共九连地委和东二支队直接领导下，一所为培养部队干部及新解放区各项工作所急需大批干部的新型革命学校——东江公学（简称东公）应运而生。

3 月 7 日，第一期东公在河源船塘逸仙中学开办。校长由毕业于上海公学的东二支队政治部科长钟雄亚担任，教育长是毕业于延安抗日军政大学的董易，校党支部书记兼教务主任为毕业于贵阳师范学院的郭明。东二支队政治部干部李明宗及逸仙中学教员朱文均参与东公的筹办工作。

东公以延安中国人民抗日军事政治大学（简称抗大）为榜样，坚持正确的政治方向，树立"团结、紧张、严肃、活泼"的校风。东公的校训是"公而忘私，学以致用"。主要课程设有：党的基本纲领、路线、方针和政策，形势与任务，群众路线与观点，革命组织和纪律，军事基本知识与武器使用，以及各专业技术知识等。要求学员坚持理论联系实际，养成严格的组织纪律性，树立全心全意为人民服务思想，确立革命人生观；学习马列主义基本观点，培养艰苦朴素的革命精神和作风。

东公第一期招收学员 46 人，学员来自河源、龙川、连平、五华等地，还有从香港、广州、潮汕等地慕名而来的学员。5 月 14 日，龙川解放。随即，边纵总部及东二支队指挥机关移驻老隆。东公亦随之迁往老隆继续开办。东公第二期迁广东老隆师范学校，该期增设研究生班，招收大学程度学员。

两次招考录取普通班、青干班及财经、医务、通讯、文工等专业学员共 545 名。

7 月以来，因国民党胡琏兵团残部窜扰龙川、兴梅地区，中共九连地委和东二支队决定将学员分成九个中队，一小部分到东二支队做文教宣传政治工作，大部分深入广大农村，分赴龙川、和平、连平、河源等县，边学习边工作，以取得实际工作经验。第一批下乡学员分成四个队，为期一个月。

一队赴鹤市，二队到铁场与五华岐岭，三队在老隆区，四队开往和平、忠信。下乡学员广泛宣传解放战争胜利形势，协助当地政府开展清匪反霸、减租减息、退租退押和建立乡村人民政权工作。

随着全国解放战争形势迅猛发展，8 月东江、韩江地区已获解放。东公第三、四两期改由东江行政委员会主办。

第三期校址从老隆师范学校迁至佗城龙川一中。10 月 15 日惠州解放，第四期东公迁至惠州开办。

1950 年 2 月，东公第五期迁至河源县城开办，5 月结业，东公完成了历史使命。

东公从创办到结束，历时一年，先后培训学员 5000 余人，为建立人民政权和接管城市培训了一批德才兼备的干部，并在社会主义革命和建设事业中作出重要贡献。

五、贝岭、上坪起义与追击残敌

1. 贝岭、上坪起义

贝岭地处川北山区，抗日胜利前夕为龙川第五区，区署设贝岭圩；抗日战争胜利后不设区署，改设国民党第五区联防办事处为最高权力机关，主任李敬（竞）业。办事处辖贝岭、黄埔、五顶、细坳、三联、坪山、上坪七乡和警察所、第五区自卫中队、上坪警察分驻所及各乡自卫队。

1949 年 4 月 13 日，国民党车田乡军政人员在中共川北工委和东二支队独三大队策动下举行起义，此举对国民党贝岭地区军政人员无疑反响强烈，影响极大。在中共九连地委和川北工委领导下，川北地区党员立即投入策动贝岭区军政头目弃暗投明工作。李敬业于 5 月 12 日作出同意起义的决定，并于当晚在龙川县立第五中学（简称第五中学，今贝岭中学）召开会议。会议原则上通过决定，明日（13 日）上午举行起义。但 13 日早晨，李敬业出现起义摇摆情况。至 5 月 22 日晚，李敬业在独三大队队长兼政委骆仰文及进步人士凌希民、杨垂华致函敦促下，又在第五中学召开起义会议，一致决定明天（23 日）举事。23 日李敬业率领国民党区联防队、第五区自卫中队、警察所和贝岭、黄埔、五顶三个乡乡政人员与自卫队、古石中队、丰坑分队 400 余人，在贝岭街庄严宣告贝岭区解放。

此时，国民党龙川自卫总队队长黄道仁从县城退到赤光，获悉贝岭起义消息，惊恐异常，他致电李敬业，略称明天来贝岭。

李敬业闻讯，速通令队伍北撤细坳板昌。此时，黄道仁进驻第五中学，邀李回贝岭主持大计。李敬业一时举棋不定。31日，李终率队向贝岭进发。杨垂华获悉速策马赶来，向李晓之以理，劝他勿自投罗网，应立即回板昌。正当此时，袁克夷受中共龙川县委派遣赶来板昌，以加强起义部队指导工作，从而坚定了李敬业投向革命队伍的信心。

黄道仁来贝岭目的是拉拢李敬业收拾残局，遭李拒绝后，又陷入贝岭各地所建立的人民武装包围之中，6月2日遂率部退出贝岭。中共川北工委同时以迅雷不及掩耳之势将反革命分子王玉衡、廖兴杰擒获，消除起义隐患。从此，贝岭局势趋于稳定。

贝岭局势的稳定，为独三大队解放上坪乡免去了后顾之忧。6月3日，杨英华、袁宝民、刘丕镜等奉中共龙和边工委（川北工委）和独三大队之命，前往上坪进行策反。当晚召开上坪各界人士联席会，商议起义具体事宜。当提及起义之事并看了独三大队的信函等，与会者深信不疑，一致要求立即行动。黄夜时分，他们趁国民党一分队人员熟睡之机，出其不意缴了枪。6月4日，在上坪街圩及其附近村庄，张贴标语，散发起义文告，庄严宣告上坪解放。

2. 追击国民党胡琏兵团残部

胡琏兵团残部原系解放战争时期国民党军第十二兵团所属。该兵团自1949年1月参加淮海战役被歼后，兵团司令胡琏率残部败退江西南昌。5月，在江西获补充兵员后，胡琏等率1.5万余兵力继续向南逃窜。胡部抵赣南后，分东、南两路窜向粤东地区，企图于潮、梅地区抓兵抢粮后，由汕头出海外逃。7月初，南路残敌经寻乌篁乡窜入龙川上坪地区，此地属一个重炮营和机枪连的布防。

为迎击胡琏残敌，龙川县委指示杨荣烈等与独三大队商议后作出部署。凌启培、陈德忠连队驻守下坪炮楼，给胡部以迎头痛击，迫使敌人散落、龟缩在炮楼附近民房中；叶梓青连配合公安总队向敌人集中地带猛烈射击；同时，从狮子寨派部分兵力抢占下坪山坳山顶和双峰埂，形成三方交叉火力向敌猛击。敌人为夺路逃窜亦组织兵力分三路进犯：一路经白蝶山遭杨荣烈率部阻击；一路经美女踏车（地名）又遭彭万钦率部顽强抵抗；另一路妄图夺下坪炮楼以控制来往通道。冲击炮楼时，敌人押着村民，以村民为前导，强迫村民背着芦箕、柴草冲锋，而他们尾随其身后匍匐前进。敌人估计炮楼内人员不会开枪（因有老百姓当"挡箭牌"），从而企图用火攻，点燃芦草以烧炮楼。在此紧急关头，独三大队人员不得不细心地避开前面的老百姓，瞄准敌人射击。敌人的鬼把戏终未得逞，敌被击毙七八人。加上敌处于四面被包围之势，战至当天下午4时许，敌便仓皇突围退出下坪，急向寻乌篁乡溃逃。

7月中旬，第二批胡琏残部退至定南的孔田、鹅公一带，欲取道上坪往兴宁溃逃。当时驻上坪仅有叶梓青、王汉亭合编的一个连队，奉命开往铁龙尾（粤赣边境交界处靠粤一侧小山村）截击敌人的南逃退路。以胡部乃败将之军，势单力薄，早有杯弓蛇影、惊魂不定之心，人民解放军凭强大威力，可轻易震慑敌军。

为此，连队借过往客商作义务宣传员，在沿途各村传播消息和贴出标语：××村××地驻有人民解放军某师某团某营，××山头又有解放军安营扎寨把守……总之，大造声势。此计果然妙。消息不胫而走，胡琏残部感到风声鹤唳，草木皆兵。不久便有两名胡敌残兵前来投诚。第二天，过路的客商和路人称：从江广亭以下直至上、下坪村庄都驻满了人民解放军，迫使敌军绕道寻乌公平、篁乡，复窜入广东兴宁，落荒而逃。此外，8月初，国民党江西赣州专员公署直属大队罗肇英残部亦退至公平圩。东二支队新二团政委刘波率二营杨荣烈部至篁乡，抢占高地进行堵截，三营袁克夷部插入公平圩堵截，另有南下大军的追击，形成四面包围罗肇英部的态势。罗部自感穷途末路，只好率全体官兵600余人缴械投诚。计缴获重机枪12挺、轻机枪34挺、各式步枪400多支、短枪23支及弹药等物资一大批。这些战利品更新了东二支队二团的武器装备，大大地提高了部队战斗力。

六、围歼龙川残敌，欢庆革命胜利

1. 龙母战斗大捷

龙川县人民政府成立后，各区、乡、村人民政权和群团组织都相继建立起来。尽管如此，人民政权仍面临着三面受敌的严峻形势，其中一面就是由上坪窜回龙母的国民党顽固派黄道仁、谢鸿恩自卫总队。

1949年7月中旬，黄道仁、谢鸿恩率部相继窜回龙母后，即与兴宁地方匪特头目谢海筹联系，向胡琏残部求援，期待胡部与一九六师逆江而上，夹击老隆。黄、谢的这一阴谋在其未抵龙母之前就被察觉，公安总队已部署黄铁山连驻守坚固的龙母当铺，备足粮草，以诱敌包围，为的是稳住牵制敌人。当黄、谢率队围攻黄铁山连时，边纵副司令员黄松坚命魏南金立即率边纵四团一营和县公安总队围歼，务必彻底勿再使敌流窜。同时，边纵决定成立龙母战斗指挥部，总指挥魏南金，前线指挥由四团参谋长陈苏负责。于是，魏南金在老隆水贝召开会议传达边纵指示。四团副政委汤山、参谋长陈苏、一营营长麦启华、教导员陈君明、副营长曾坤延及黄仕标等参加会议。四团一营原系东二支队主力团队，战斗力很强，辖珠江队、桂林队、云南队、九江队等，满员装备，计640余人。县公安总队遴选郑板、朱文和、李青等6个连约600人，与边纵四团一营一起，围歼黄道仁、谢鸿恩残敌。

7月22日，陈苏在龙母白佛召开战前作战会议，对各队任务作出具体部署与安排。会议决定前线指挥部设大塘村的隆泰乡中心小学；一营主要负责围歼驻葛布岭的谢鸿恩部队；县公安总队主要围歼驻藕丝塘村的黄道仁部队，当地铁场区政府副区长黄刚负责后勤与调动民兵支援前线。23日夜，各部队已秘密完成包围敌人任务。

7月24日拂晓，龙母战斗打响，首先围歼黄道仁部。黄部各队分驻藕丝塘村各农舍。黄道仁被枪声惊醒后，指挥其部冲出屋门向屋后登山以占据有利地形。当发现县公安总队即调头返回，见势已无力回击，慌忙改道各自逃跑。当时有些村民百姓怕打仗也走出村去，溃逃的黄部官兵趁早晨大雾弥漫混杂在村民行列中，从稻田间逃走。为不伤害群众，公安总队不便随意开枪。黄道仁的其他几个中队，已各个被严密包围之中。当黄道仁率队转向石角圩逃窜时，遭公安总队杨群、郑板中队的追击，并将其副官击毙于田埂上。黄氏逃至石角圩后，又被埋伏的常务民兵截击，将其秘书击毙，俘敌3人，军马3匹，最后黄道仁仅率剩下的30多人逃往兴宁投奔胡琏兵团残部。其余被包围的黄道仁残部三个中队及特务队悉数被歼。而张亚石自卫队30余人逃到赤光后，向人民政府投诚。此战歼黄道仁部300余人，缴长短枪300余支、机枪10挺、军马3匹，其他物资一批。

围歼黄道仁部战斗结束后，县公安总队速即与边纵一营一起，日夜轮番围攻谢鸿恩部。谢部龟缩于葛布岭邓宏昌屋负隅顽抗。邓屋背山面水，屋前有池塘和龙母河，左右为一片开阔地，是一座易围难攻而敌则易守难逃的坚固民居，且还有两个持掎角之势的楼阁（炮楼）。当时一营只有轻武器无攻坚装备，一个白天仍未能攻克。24日夜，拟用地雷爆破，无奈谢部在屋外墙挖有不少大小明暗不等的枪眼便以射击。爆破组在火力掩护下经几次突击均未能靠近屋墙下。25日中午，魏南金应陈苏的请求，从边纵调来一个炮排，向谢部发射迫击炮弹攻击，给守敌以很大的威胁，无奈该屋建筑坚固，炮弹仍未能轰开缺口。是晚，改用对敌开展强大的政治攻势，用广播筒高声喊话等，但对敌瓦解均未成功。于是，前线指挥部决定，组成几个"突击队""敢死队"轮番进攻敌人，辅以民间厚而结实的八仙桌板内钉上浸湿的棉被做防弹工具，趁黑摸到敌屋檐下施行攻击；亦不奏效。为此，26日前线指挥部进行战斗再动员，组成3个"敢死队"突击组，每组15人，同时制订了声东击西作战方案。以县公安总队轮番于右边佯攻以吸引敌人，而突击组埋伏于左边河堤侧，择机冲到屋檐下用地雷轰开缺口，冲入敌营以消灭之。

是晚9时许，东西两翼开始猛烈进攻，打得敌人难以招架。27日凌晨2时，当屋内敌人被打得疲惫不堪时，潜伏于河堤侧的突击组，由被誉为"钢铁连"的珠江队连长欧阳珍带领，在轻机枪、火箭筒等掩护下，神速地冲到屋檐下，进行地雷爆破，炸开了横屋第三间墙下的大缺口，3个突击组乘势冲入屋内的两个炮楼和大厅，与敌展开一场异常激烈的巷战、肉搏。敌酋谢鸿恩大腿受伤被擒。经几十分钟格斗，除屋内守敌被击毙外，余全部被俘。战斗于27日晨结束。战斗中连长欧阳珍等6人壮烈牺牲，十余人负伤。当县公安总队清理战场时，因楼上做鞭炮用的火药起火，烧伤而牺牲了2名战士。历时3天速战速决的龙母战斗大捷，"共歼敌500余人，伤敌20余人，缴获长短枪500余支，轻机枪18挺、弹药、物资一批"。

7月29日，参战部队和民兵及附近群众，在大塘村的隆泰乡中心小学举行祝捷暨公祭烈士大会。龙母周围几十里内的乡村政府和群众送来劳军物品牛、猪共20多头及鸡、鸭、蛋品等一大批。8月1日，龙川县人民政府在老隆举行纪念"八一"建军节暨龙母战斗大捷大会，欢迎从龙母凯旋归来的人民子弟兵。魏南金传达了边纵司令部给龙母战斗参战部队的嘉奖令和龙川县公安总队改编为东二支队二团的命令。

2. 人民欢庆胜利

10月1日，中华人民共和国成立，这标志着中国新民主主义革命时期的结束和社会主义革命的开始。7日下午3时，东江行政委员会第二督导处与龙川县人民政府于老隆迎军大台，隆重举行庆祝中华人民共和国中央人民政府成立大会。龙川县各机关、团体、学校、部队及附近群众近万人参加。"兴奋无比的人群冒着微雨，打锣打鼓，舞龙舞狮，成群结队涌到会场，锣鼓声、歌声响彻云霄。"谭天度与第二督导处主任黄中强、东二支队司令员兼政委钟俊贤、龙川县副县长叶惠南等党政军领导出席大会并讲话。大会通过发出三个通电：祝贺中央人民政府成立、向南下解放大军和两广纵队致敬电。接着举行盛大的火炬巡行。是晚，万灯齐燃，照亮了整个夜空，人群从会场向中山街涌动着。"人们拿着红红绿绿的小旗，提着五光十色的灯笼，唱着嘹亮的迎军歌，'毛主席万岁！'和'中华人民共和国万岁！'的口号声此时（起）彼落"，爆竹声、锣鼓声彻夜不停，终宵不息。

10月8日，佗城、铁场、龙母等地均隆重举行庆祝中华人民共和国中央人民政府成立大会，热闹非凡。14日下午，南下大军某部乘船抵达老隆。两岸5里长堤均站满了欢迎人群。先由东二支队文工团划艇去给大军献花、慰问。"迎军人流直至天黑仍络绎不绝。"15日，南下大军抵佗城。郑子明县长主持举行军民联欢会。南下大军表演了精彩的腰鼓舞，然后，近万人的欢迎行列拥着大军走出街区。当大军乘船离佗城时，"船开了，岸上的人群跟着船在岸上跑"，直至翘首目送船队远影碧空尽……

解放战争时期，龙川党组织贯彻执行上级指示，领导人民群众建立发展地方武装组织，从小到大，由弱至强，在县内广泛开展游击战争，取得辉煌胜利，从中亦获得了不少体会：（1）坚持党的领导是革命斗争取得胜利的源泉；（2）发动人民战争，建立游击武装根据地，是取得武装斗争胜利的根本保证；（3）"没有人民的军队，便没有人民的一切"；（4）统一战线是革命胜利的法宝。

龙川党组织在新民主主义革命过程中，从无到有，由弱至强，不断发展壮大。由大革命时期的 5 个党支部、约 90 名党员，到土地革命战争时期的约 20 个支部、190 名党员，再到抗日战争时期的约 38 个支部、320 名党员，直至中华人民共和国成立前夕的约 35 个支部、580 名党员。在此期间，龙川各级党组织历经了长期革命斗争的锻炼与考验。历史证明，龙川党组织是坚强可靠的地方党组织，领导龙川人民谱写了革命历史的光辉篇章。

后　记

在龙川县上下认真贯彻落实党的十九大精神，决胜全面建成小康社会和隆重庆祝中国共产党成立100周年之际，《广东中央苏区龙川革命简史》由广东人民出版社正式出版。这是百万龙川苏区人民献给中国共产党成立100周年的一份贺礼，是龙川县人民政治生活中的一件大喜事。

本书是"广东中央苏区县革命简史"丛书之一，于2019年12月根据中共广东省委党史研究室《关于编纂〈广东中央苏区革命简史〉丛书的通知》要求，启动编写工作，至2020年5月基本完成了全书编写；在编写过程中得到中共广东省委党史研究室领导及相关处室的悉心指导，给本书提出许多宝贵修改意见。《广东中央苏区龙川革命简史》主要由龙川县第一中学高级教师鞠文平采集编写，经中共龙川县委党史研究室主任朱光进初步审核和统稿后，报送中共广东省委党史研究室审核出版。《广东中央苏区龙川革命简史》的史料主要来源于《中国共产党龙川县地方史

（第一卷）》^①和《龙川县革命老区发展史》^②等史书，全书约 6.5 万字，是龙川革命斗争史的简明读本。

《广东中央苏区龙川革命简史》的出版，将填补中共龙川地方历史无简明读本的空白。希望本书能对青少年进行革命传统教育和爱国主义教育发挥积极作用。因《广东中央苏区龙川革命简史》时间跨度大，涉及面广，限于编写人员的能力和水平，难免纰漏，敬请广大读者批评指正！

编　者

2021 年 3 月

---

① 中共龙川县委宣传部、中共龙川县委党史研究室：《中国共产党龙川县地方史（第一卷）》，中共党史出版社 2008 年版。
② 龙川县革命老区发展史编委会编：《龙川县革命老区发展史》，广东人民出版社 2020 年版。